FACULTÉ DE DROIT DE PARIS.

DE L'INDIGNITÉ
ET
DE L'INGRATITUDE

THÈSE POUR LE DOCTORAT.

L'acte public sur les matières ci-après sera soutenu le mercredi 25 mars 1857, à 1 heure,

PAR

ALCIDE FOUCHER,
AVOCAT A LA COUR IMPÉRIALE DE PARIS.

PRÉSIDENT, M. ROYER-COLLARD.

SUFFRAGANTS : MM. BUGNET ;
PELLAT ;
DUVERGER ;
DEMANGEAT.

VENDOME.
IMPRIMERIE LEMERCIER.
1857.

DE L'INDIGNITÉ

ET

DE L'INGRATITUDE.

FACULTÉ DE DROIT DE PARIS.

DE L'INDIGNITÉ

ET

DE L'INGRATITUDE

THÈSE POUR LE DOCTORAT.

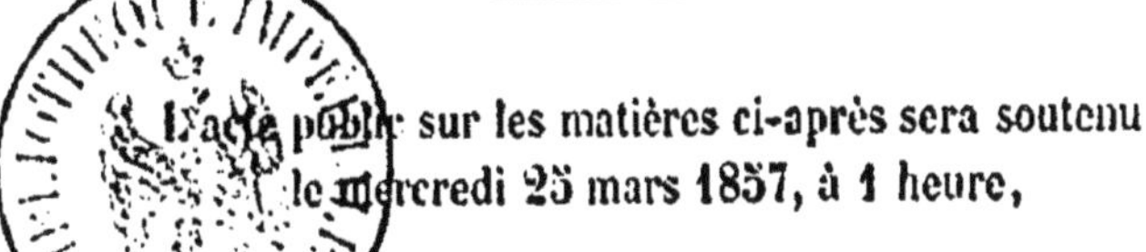

L'acte public sur les matières ci-après sera soutenu
le mercredi 25 mars 1857, à 1 heure,

PAR

ALCIDE FOUCHER,
AVOCAT A LA COUR IMPÉRIALE DE PARIS.

PRÉSIDENT, M. ROYER-COLLARD.

SUFFRAGANTS : { MM. BUGNET ;
PELLAT ;
DUVERGER ;
DEMANGEAT.

VENDOME.
IMPRIMERIE LEMERCIER.
1857.

INDIGNITÉ

ET

INGRATITUDE.

L'exclusion de certains avantages dérivant d'un titre gratuit, la succession ou la donation, est prononcée par les lois de tous les peuples anciens et modernes, lorsque l'acquéreur s'est rendu indigne ou montré ingrat.

Entre l'indignité et l'ingratitude apparaît une idée commune, celle de démérite : démérite relatif, bien entendu, du successible envers le défunt, du donataire envers le donateur. L'ingratitude semble même s'absorber dans l'indignité, dont elle ne serait qu'un cas spécial ; l'ingrat, en effet, est un indigne, en prenant le mot dans sa signification large et usuelle.

Mais les législateurs ont en général spécialisé le sens de chacune de ces expressions. La privation d'une succession à laquelle on est appelé porte le nom d'indignité, et la privation des choses données, celui d'ingratitude.

Cette double exclusion est évidemment morale et philosophique; la saine raison exige que celui qui est indigne ne profite pas des bénéfices attachés à sa vocation héréditaire ; elle exige surtout que l'ingrat ne profite pas de la donation qu'il a reçue. Si le principe est incontestable, philosophiquement parlant, des dissentiments peuvent s'élever, au contraire, au sujet des causes qui doivent produire l'exclusion. Mais ce que l'on peut affirmer avec autant de force que le principe lui-même, c'est qu'une législation sage ne doit admettre que des causes excessivement graves, et les prévoir limitativement, afin de laisser le moins possible, dans une matière aussi délicate, à l'appréciation arbitraire du juge.

Sénèque n'admet pas le droit de la société de punir le vice d'ingratitude. « Une foule de raisons, dit-il, se présentent à mon esprit, pour que ce délit ne tombe point sous l'action de la loi. Le principal mérite du bienfait serait détruit, si, comme une obligation résultant d'un prêt ou d'un louage, il donnait lieu à une action judiciaire. Ce qui fait la grandeur du bienfait, c'est qu'on donne même avec la certitude de perdre ; c'est que le bienfaiteur remet tout à la discrétion du donataire. Si je le cite devant le juge, ce n'est plus un bienfait, c'est une créance. En outre, si rien n'est plus estimable que la reconnaissance, elle cesse de l'être du moment qu'elle est forcée, et il n'y aura pas plus sujet de louer un homme reconnaissant que celui qui restitue un dépôt ou qui paie une dette sans attendre la sentence du tribunal. Ainsi nous gâterions les plus belles vertus de l'humanité, la bienfaisance et la reconnaissance : car qu'y a-t-il de si beau dans la première, si, au lieu de donner, elle prête, et dans la seconde, si, au lieu d'être spontanée, elle est obligatoire? Point de gloire à être reconnaissant, si l'on ne peut en toute sûreté se montrer ingrat, etc. (1) »

Ces considérations sont pleines de justesse, mais hâtons-nous de dire que le philosophe ne se place nullement à notre point de vue : ce qu'il rejette, c'est une action pénale pour châtier le délit d'ingratitude; l'ingrat ne doit pas être plus puni que l'avare, l'homme emporté ou adonné à l'ivresse; la seule peine de ces vices sera le mépris des honnêtes gens; le droit de punir de la société cesse là où finit son intérêt; il serait absurde de vouloir établir la perfection dans les rapports entre les membres du corps social.

Mais la révocabilité de la donation pour cause d'ingratitude ne ressemble point à cette loi pénale que proscrit Sénèque; elle ne fait nullement de la reconnaissance une vertu forcée; elle ne change point la libéralité en un contrat à titre onéreux; en dehors des cas d'ingratitude spécialement prévus et qui seront peu nombreux, le donataire peut se montrer impunément ingrat, oublier ses devoirs envers son bienfaiteur, sans que la loi l'en fasse souvenir.

(1) Sénèque, De Benef., lib. III, VII.

Iʳᵉ PARTIE.

DROIT ROMAIN.

SECTION I.

DE L'INDIGNITÉ.

CHAPITRE I.

Prolégomènes. — De l'*Ereptitium* ou *Ereptorium*.

La théorie de l'indignité paraît avoir été inconnue sous la République ; aucun texte des jurisconsultes, aucun passage des auteurs classiques, ni de Cicéron ni des autres, n'y fait allusion ; le point de départ ne s'aperçoit que dans les lois caducaires, où il est parlé pour la première fois de l'*ereptitium* ou *ereptorium*: en sorte qu'il faut rapporter à l'époque d'Auguste l'origine de cette institution.

L'*ereptitium* est mêlé d'une manière si intime au système des lois *Julia* et *Papia Poppæa*, qu'il devient nécessaire de rappeler brièvement ici l'esprit et les dispositions principales de cette législation.

Remédier à la dépravation des mœurs en favorisant les mariages légitimes, repeupler ainsi, par une voie régulière l'Italie dépeuplée par les guerres civiles, et remplir en même temps l'*ærarium* épuisé : tel était le but qu'Auguste se proposait d'atteindre; à cet effet, il s'attaqua de préférence au droit successoral; il en modifia les règles en certaines parties, pour ainsi dire, de fond en comble. Ce fut là l'œuvre des lois *Julia* et *Papia Poppæa*.

Dans le principe, l'État n'avait aucun droit sur une succession vacante, et les *bona vacantia* appartenaient au premier occupant comme *res nullius*; les créances comme les dettes du défunt s'anéantissaient en l'absence complète d'un successeur *per universitatem*: conséquence fâcheuse, que les lois caducaires firent cesser en attribuant les successions vacantes à l'*ærarium*. L'État ne s'appela pas heres; mais, à presque tous égards, il fut traité comme tel.

Mais la modification la plus fondamentale est sans contredit dans l'introduction du *caducum*, qui vint se mettre à la place du vieux droit d'accroissement, et donner naissance à un droit particulier et nouveau, le *jus caduca vindicandi*.

Certaines personnes, en effet, furent frappées d'une incapacité totale ou partielle de recevoir *ex testamento*, entre autres les héritiers ou légataires qui étaient célibataires (*cælibes*) ou sans enfants (*orbi*), et en outre l'époque de l'adition d'hérédité et celle du *dies cedit* furent retardées jusqu'au jour de l'ouverture du testament; de là il résulta que des dispositions qui auraient dû être valables d'après le droit civil primitif, furent, en vertu des lois caducaires, frappées de déchéance, tombèrent: d'où l'expression imagée de *caduca* pour les désigner. Enfin les dispositions que le droit civil lui-même n'aurait pas maintenues étaient assimilées aux *caduca* proprement dits et prenaient le nom de quasi-caduques (*in causâ caduci*).

Mais à qui la caducité était-elle profitable? Nos

grands interprètes du seizième et du dix-septième siècle, Heineccius lui-même, dont le commentaire est si remarquable, trompés par l'obscurité des textes, et surtout par les remaniements successifs dont les lois Julia et Papia Poppœa furent l'objet, avaient cru que les *caduca* étaient directement attribués au trésor public. La découverte du manuscrit de Gaius est venue jeter une vive lumière sur cette intéressante question, et il est démontré aujourd'hui (1) que le *jus caduca vindicandi* appartenait en première ligne aux *patres* inscrits dans le testament, en sorte que, pour nous servir d'une expression de M. Ortolan, « enlevés aux uns, attribués aux autres, les *caduca* étaient du même coup punition pour la stérilité et récompense pour la procréation légitime. » L'*ærarium* ne profitait de la caducité qu'autant qu'aucun des héritiers ou légataires n'avait d'enfants : ce n'est que beaucoup plus tard, en vertu d'une constitution d'Antonin Caracalla, que le fisc passa le premier et fut mis à la place de tout le monde.

Arrivons à l'ereptitium, dont le nom et la notion furent introduits aussi par les lois *Julia* et *Papia Poppœa* (2). Les commentateurs paraissent avoir été assez embarrassés sur le sens exact de ce mot; Cujas lui-même avoue son ignorance : *Nescio*, dit-il, *quid sit ereptitium, nisi id forsitan sit quod alias in causa caduci esse dicitur : neque enim id cadit à nobis (quando quidem vivo testatore deficit), sed heredi*

(1) Gaius, Com. II, § 206, 207.
(2) Ulp. Frag., t. 19, § 17.

eripitur : caduca cadunt à nobis (1). Plus tard il reconnait son erreur, et arrive à voir dans les *bona ereptitia* les biens enlevés pour cause d'indignité, soit aux héritiers, soit aux légataires. C'est en effet à cette signification qu'il faut s'arrêter ; les mots *eripere, auferre*, employés à chaque instant dans les textes pour exprimer que les biens sont enlevés aux indignes, ne laissent pas de doute. Mais la sagacité des anciens interprètes n'est pas allée plus loin. Cujas, Heineccius (2), Scipio Gentilis (3), et plus récemment Vieling (4) et tant d'autres attribuent directement à l'*ærarium* les *bona ereptitia*, comme ils avaient fait pour les dispositions caduques ; ils supposent qu'un chapitre des lois caducaires était conçu en ces termes : » Quæ hereditas, quodve legatum, « tanquam indigno erepta, ereptumve erit, illa illud « ve populo defertor (5). » Et ils expliquent le fragment 19, § 17, d'Ulpien, en disant que dans quelques cas rares l'indignité était une cause d'acquisition privée ; ce qui est vrai à une certaine époque du droit.

Malheureusement les commentaires de Gaius, qui contiennent des détails si intéressants et si précis sur le *caducum*, sont muets au sujet des *bona ereptitia*. Nous sommes donc réduits encore aujourd'hui au fragment d'Ulpien ou à peu près ; cependant, pour réfuter la vieille doctrine de l'*ereptitium*, nous

(1) Cuj. Not. ad tit. Ulp.
(2) Ad leg. Jul. et Pap. Popp.
(3) De Jur. accresc., cap. 10.
(4) In lect. Jur. civ.
(5) Heinec., ad cap. Legis VIII et IX.

pouvons utiliser les notions nouvellement acquises à la science sur les lois caducaires, et tirer meilleur parti du passage fort court des *Fragmenta Ulpiani*. La citation n'en sera point inutile. « Lege nobis adquiritur velut caducum vel ereptorium ex lege « Papia Poppæa; item legatum ex lege duodecim ta- « bularum, sive mancipi res sint, sive nec man- « cipi (1). » Il est constant que, d'après ce texte, l'*ereptorium* ou *ereptitium*, comme le *caducum* lui-même, dérivait, ainsi que nous l'avons déjà annoncé, des lois Julia et Papia Poppæa; l'une et l'autre constituent des moyens spéciaux d'acquérir la propriété *ex lege*. La réunion de ces deux mots (*caducum vel ereptorium*), pour donner des exemples d'acquisitions qui se font en vertu de la loi seule, indique même plus qu'une communauté d'origine; elle présage aussi une nature commune, des effets communs, et nous permet de supposer sans trop d'invraisemblance que la théorie des *bona ereptitia* se liait intimement à celle des *bona caduca*, et que l'on peut, sauf preuve contraire, compléter l'une par l'autre, en suppléant les règles de l'*ereptitium*, qui nous sont à peu près inconnues, par celles du *caducum*, que sont venues nous découvrir les Institutes de Gaius.

Nous ne pouvons trop insister sur ce parallélisme probable des deux institutions : remarquons donc que quelquefois l'expression de biens caducs se prend *lato sensu*, et comprend les biens enlevés aux héritiers ou légataires indignes (2). S'il n'y avait

(1) Ulp. Frag., t. 19, § 17.

(2) L. 9 ad Sc[m] Silan. — L. 2, § 2. Si quis aliq. test. prohib. D. — L. 3 princ. D. De his quæ in test. delent.

pas eu des ressemblances frappantes entre l'*ereptitium* et le *caducum*, les Romains, dont la langue juridique est si riche, eussent-ils employé le même mot pour désigner deux choses tout à fait dissemblables? Enfin nouvelle preuve qui vient fortifier notre système d'analogie : nous savons que l'attribution des caduca étant une attribution nouvelle avait lieu forcément avec ses charges, *caduca cum suo onere fiunt* (1). Nous voyons par des textes nombreux qu'il en était de même en matière d'indignité. Les dettes devaient être payées, les legs et les fidéicommis acquittés par le fisc.

Faisons maintenant justice de cette erreur générale, ou peu s'en faut, de l'attribution directe au fisc des biens enlevés aux indignes; nous n'hésitons pas à proclamer qu'à une certaine époque de la jurisprudence romaine l'acquisition des bona ereptitia se fit au profit des particuliers : *Lege nobis adquiritur velut ereptorium;* ce n'est vraisemblablement pas le mot *nobis* dont se servirait Ulpien pour désigner le trésor public; en vain allègue-t-on qu'il a voulu se référer aux cas où exceptionnellement l'indignité profitait aux simples citoyens; ces cas, en effet, outre qu'ils sont très-rares, comme nous espérons le démontrer, ne se sont certainement introduits qu'à une époque postérieure à celle des lois caducaires.

Le principe de l'appropriation aux citoyens des bona ereptitia une fois admis, il reste à en régler la dévolution. L'absence de documents laissant le champ libre aux hypothèses, nous pensons que la plus vraisemblable est celle qui, tenant compte des

(1) Ulp. Frag., t. 17, § 3.

similitudes déjà signalées entre le *caducum* et l'*ereptorium*, poursuit l'analogie jusque dans l'ordre suivant lequel se serait faite l'attribution. Nous déciderons donc que les *bona ereptitia* étaient attribués aux patres inscrits dans le testament, comme les *caduca* et dans le même ordre, c'est-à-dire qu'ils profitaient : 1° aux légataires par une seule et même disposition ; 2° à défaut de légataires conjoints, ou si aucun d'eux n'avait la paternité, aux héritiers qui étaient pères ; et 3° faute d'héritier ayant cette qualité, aux légataires, bien qu'ils ne soient conjoints d'aucune manière. Enfin, en l'absence de toute personne ayant des enfants, mais alors seulement, le fisc s'emparait des biens enlevés aux indignes.

Cette manière d'envisager l'*ereptitium* a l'avantage de faire converger les dispositions principales des lois Julia et Papia Poppæa vers leur but fondamental, l'accroissement de la population légitime : l'*ereptitium* aussi bien que le caducum devient une récompense de la paternité.

Mais à quelle époque le fisc s'empara-t-il des bona ereptitia à l'exclusion des patres? Est-ce avant l'époque où les *caduca* lui furent aussi exclusivement attribués, ou bien en même temps? A défaut de renseignements précis, peut-être peut-on soutenir que la révolution se fit en même temps pour l'*ereptitium* et le *caducum*, « hodie ex constitutione imperatoris Antonini omnia caduca fisco vindicantur (1). » L'expression si générale *omnia caduca* pourrait le faire supposer, si l'on se souvient que le mot *caducum* est

(1) Ulp. Frag. 17, § 2.

pris quelquefois dans un sens large et désigne même les biens dont les indignes sont privés.

Quoi qu'il en soit de cette supposition, il est certain que l'indignité devint de bonne heure une théorie toute fiscale : la fiscalité, en effet, peut seule faire comprendre le nombre considérable de cas où l'on devenait indigne ; mais les exigences du fisc impérial, qui avait remplacé l'*ærarium*, expliquent tout ; une fois l'intérêt fiscal uniquement en jeu, les causes d'exclusion durent se multiplier à l'infini : lois, sénatus-consultes, rescrits impériaux en augmentent successivement la liste, en sorte que deux titres, l'un au digeste (1) et l'autre au code (2), y sont entièrement consacrés, sans compter les textes épars, surtout dans les titres ad sc^tum silan. D., et si quis aliq. test. prohib. D.

Laissons de côté l'explication hypothétique de ce qui tient à l'*ereptitium*, et envisageons l'indignité dans son ensemble, telle que les fragments du *corpus juris* nous la font concevoir.

Elle nous apparait d'abord comme une de ces manières d'acquérir qui n'avaient pas de dénomination spéciale, mais qu'on désignait sous l'appellation vague de *mortis causa capio* (3), parce que la mort était cause effective de l'acquisition, « mortis causa capitur, cum propter mortem alicujus capiendi occasio advenit. » Et ce moyen d'acquérir constituait tantôt une *successio per universitatem*, tantôt une *singula-*

(1) De his quæ ut indignis auferuntur. Lib. XXXIV, t. 9.

(2) De his quibus ut indignis, hereditates auferuntur, et ad senatus consultum Silanianum. Lib. VI, t. 35.

(3) L. 31, de Mort. caus. donat. D.

ris successio : une succession universelle, quand l'objet enlevé à l'indigne était une hérédité; une succession particulière, quand cet objet était un legs ou un fidéicommis.

Il résulte de ce premier coup d'œil, que l'indignité à Rome affectait non-seulement l'institution de l'héritier testamentaire ou la vocation de l'héritier ab intestat, mais encore toutes les libéralités, legs, fidéicommis, affranchissements que pouvait contenir le testament. En droit français, au contraire, les héritiers légitimes seuls sont exposés à l'indignité; quant aux légataires, ils ont à craindre la révocation pour cause d'ingratitude (1). Le système français, nous le démontrerons, est plus logique que le système romain; mais celui-ci avait sa raison d'être dans son origine : né des lois Julia et Papia Poppæa, il avait dû s'appliquer à toutes les dispositions testamentaires, aussi bien aux legs qu'aux institutions d'héritier.

Les causes d'indignité ne sont guère susceptibles d'une classification régulière; cependant on peut les réunir en trois groupes distincts. Si l'on examine, en effet, les cas où la loi prononce l'exclusion, on se convainc que l'indignité procède de trois sources, savoir : du fait de la personne déclarée indigne, ou de sa négligence, ou de la volonté du testateur, laquelle volonté peut résulter, ou des paroles qui la renferment clairement, ou des faits qui la contiennent implicitement.

Quant aux effets, acquisition par le fisc, sauf quelques cas rares, des biens recueillis par l'indigne,

(1) Art. 1046, 1047, 955, C. Nap.

confusion définitive des servitudes et actions, obligation pour le fisc de supporter les charges, dettes, legs ou fidéicommis, car il tient la place de l'héritier : tels sont les effets généraux qu'entraîne l'indignité.

Signalons encore, avant d'aborder l'examen de tous ces points, la différence existant entre l'indignité et l'incapacité : l'incapable d'être héritier ou légataire n'acquiert ni l'hérédité ni le legs; aucune conséquence juridique ne peut résulter d'une vocation qui n'existe pas; l'indigne, au contraire, est un citoyen capable d'acquérir, et il acquiert en effet, et même après son exclusion il ne cesse pas *ipso jure* de conserver sa qualité de successeur. Certains interprètes ont donc commis une lourde erreur, lorsqu'ils ont confondu l'incapacité et l'indignité.

CHAPITRE II.

Causes d'indignité résultant du fait de la personne déclarée indigne.

§ I.

Meurtre du défunt.

Le meurtre du défunt rendait indigne ceux qui l'avaient commis, héritiers testamentaires, héritiers ab intestat ou légataires : ne serait-ce pas le comble de l'immoralité de voir le meurtrier s'enrichir des dépouilles de sa victime? Les lois 7, § 4, D. de bonis damnat. et 10, C. de his quib. ut ind., sont expresses pour l'indignité des successions. La loi 10, § 1, D. de solut. matrim., l'était pareillement pour les contrats entre vifs : « Si vir uxorem suam occiderit, dotis actionem heredibus uxoris dandam esse, Proculus ait, et recte : non enim æquum est, virum ob facinus suum dotem sperare lucri facere, idemque et à contrario statuendum est. » On peut encore ajouter à ces textes la loi 9, de Jure fisci, qui est encore plus énergique, s'il est possible.

Cette cause d'indignité se produisait soit que le mari causât la mort de sa femme, et vice versâ, soit que le fils tuât son père, et vice versâ, soit que l'homicide eût été commis en la personne d'un collatéral, ou même d'un étranger, parce que la même raison militait dans tous ces cas; car c'était la mort, et non la qualité de celui qui la causait ou de celui qui la souffrait, qui donnait lieu à l'exclusion.

Les lois romaines avaient été jusqu'à punir par l'indignité, comme le meurtre lui-même, la simple négligence qui avait occasionné la mort (1). Elles ne tenaient pas compte non plus des circonstances exceptionnelles pouvant rendre le crime excusable ; ainsi le mari qui tuait sa femme surprise en adultère devait être considéré comme indigne, bien qu'il n'eût pas encouru le dernier supplice, mais seulement, suivant sa condition, soit l'exil perpétuel, soit la relégation à temps dans une île (2). Il semble même que les jurisconsultes ont attaché l'exclusion au fait seul d'avoir donné la mort, sans faire fléchir le principe en présence de l'innocence complète de l'agent, qui se trouvait, si l'on veut, en état de légi-

(1) L. 3, D. de his quæ ut ind.

(2) L. 1, § 4. D. ad leg Corn. de Sicar. — L. 38, § 8, D. ad leg. Jul. de adult.

time défense. Cette rigueur de la théorie romaine si contraire aux règles les plus simples du droit pénal n'avait pas été dictée seulement par l'intérêt fiscal, et elle se motiverait encore aujourd'hui jusqu'à un certain point. Combien n'est-il pas dangereux en effet de favoriser les intérêts cupides des héritiers pressés souvent de recueillir la succession à laquelle ils seront appelés un jour, et capables de hâter une mort trop lente à leur gré en faisant naître des circonstances qui mettront leur crime à l'abri d'une répression suffisante ?

Que décider relativement au meurtre d'un traître à la patrie? Les uns, notamment Fernand Vasquez (1), ont prétendu que le meurtrier du traître n'était pas indigne, que sa mort était plutôt, aux yeux de la loi, un acte méritoire dont l'auteur devait être moins puni que récompensé. Les autres, et parmi eux Ant. Matthæus (2), se fondant sur les constitutions 5, 6, 7 au code, ad leg. Jul. Majest, ont soutenu l'indignité. Hâtons-nous de dire que cette controverse, qui parait avoir vivement préoccupé les commentateurs, n'aurait pas dû s'élever. On ne peut nier, en présence des constitutions précitées, que le meurtrier du traître soit exclu de la succession, mais ce n'est en aucune façon parce qu'il est indigne pour avoir commis l'homicide; et la preuve, c'est qu'en supposant le traître mis à mort par un autre que lui, l'héritier n'en est pas moins supplanté par le fisc. En effet, le crime de trahison envers l'Etat ou de lèse-majesté entraînait la peine de la confiscation, c'est-à-dire imposait né-

(1) Tract. de success. progr.

(2) De criminib., lib. 41, t, 5, cap. 1.

cessairement le fisc pour héritier. La théorie de l'indignité n'avait donc rien à voir ici.

Une autre question a été non moins vivement débattue, et la solution en est moins facile. Le testateur a été blessé à mort par l'héritier, mais il a eu le temps de changer son testament avant de mourir ; le fisc doit-il, même dans ce cas, s'emparer de l'hérédité ? La l. 10, C. de rev. donat. porte que le donataire n'est pas privé des choses données, à raison de son ingratitude, si le donateur ne s'en est pas plaint pouvant le faire. De ce texte on a, par analogie, conclu dans notre hypothèse contre l'indignité. Le testateur a eu tout le temps nécessaire pour changer son testament, et il ne l'a pas fait ; sa volonté tacite doit être respectée, et la succession conservée à l'institué. D'autres interprètes ont admis la solution opposée, et ils ont eu raison ; ce n'est pas, en cas d'indignité, le testateur qui révoque l'institution, comme c'est le donateur qui, en cas d'ingratitude, révoque la donation ; mais c'est la loi elle-même qui dépouille l'indigne ; la volonté de l'homme, même expressément exprimée, ne peut rien contre une disposition pénale de la loi, à plus forte raison son silence doit-il être inefficace (1). D'ailleurs les textes ne distinguent pas si la mort a été instantanée, ou si la victime a eu le temps, avant de mourir, de modifier ses dispositions testamentaires.

La simple tentative de meurtre non suivie de la mort n'avait pas pour conséquence l'indignité du coupable ; cela tenait à ce que les Romains, comme nous l'avons déjà dit, s'attachaient moins à la crimi-

(1) L. 65, D. de leg. 1° D.

nalité de l'acte qu'au résultat matériel. Tous les fragments supposent toujours le meurtre accompli, la mort donnée; la question paraît même formellement tranchée par la loi 6, § 3. de sc^{to} Silan. «Si appetitus sit, nec occisus dominus, nihil senatus consulto cavetur; ipse enim in familiam suam potest animadvertere.» Ne résulte-t-il pas de là que la tentative avortée est impuissante à produire l'exclusion?

Au reste, pour encourir l'indignité à cause du meurtre, il n'était pas nécessaire d'avoir tué de sa propre main celui de la succession de qui il s'agissait; il suffisait d'être complice de sa mort, et d'en avoir connu le dessein et le projet sans l'avoir révélé en justice ou autrement, afin que l'accident pût être prévenu et évité. La loi 6 D. de leg. pomp. de parricid. décide que le complice devait être puni de la même peine que l'auteur du crime: «Utrum qui occiderit parentes, an etiam conscii pœna parricidii afficiantur quæri potest. Et ait Mœcianus etiam conscios eadem pœna afficiendos.» La loi 2 du même titre était plus indulgente à l'égard de celui qui, ayant eu connaissance du dessein qui avait été formé d'attenter à la vie de son frère, ne l'avait pas révélé à leur père commun; mais elle le déclarait néanmoins coupable en quelque façon, puisqu'elle voulait qu'un tel frère fût relégué.

§ 2.

Contestation de l'état du défunt.

Inimitiés capitales, injures, contestation d'état, tels sont les objets de la loi 9 de his quæ ut ind., dont les solutions ont si fort embarrassé les com-

2

mentateurs. En présence de deux décisions différentes, là où la raison semblait exiger une décision uniforme, ils ont proposé plusieurs systèmes d'interprétation, dont nous devons exposer les plus remarquables, sauf à nous rattacher ensuite à l'un d'eux et à le modifier, s'il y a lieu.

En cas d'injures graves ou d'inimitiés capitales, le testateur est présumé avoir changé de volonté, et si le légataire réclame le legs, il est repoussé par l'exception de dol, et l'héritier conserve la chose léguée. La contestation d'état est présentée par la même loi comme emportant bien aussi annulation du legs, mais alors le legs, au lieu de rester dans l'hérédité, devient l'attribution du fisc. D'où cette sérieuse objection :

La contestation d'état est l'injure grave par excellence; quelle offense plus sensible faire à un Romain que de lui contester sa qualité d'homme libre ou de citoyen ? D'un autre côté, n'est-il pas vrai de dire qu'une inimitié capitale est née entre celui dont l'état est contesté et celui qui le conteste ? Pourquoi donc la contestion d'état, qui participe à la fois de l'injure grave et de l'inimitié capitale, est-elle régie d'une manière différente quant au sort de l'objet légué ? C'est là que gît toute la difficulté d'interprétation de la loi 9 : concilier les solutions contradictoires qu'elle donne pour des hypothèses qui paraissent identiques, ou peu s'en faut.

Cujas a cherché à expliquer cette difficulté : celui, dit-il, qui conteste l'état du testateur, par exemple en le revendiquant en servitude, est digne d'une plus grande haine, parce qu'en même temps qu'il met en doute la condition du testateur, il attaque le testament lui-même, qui ne peut subsister qu'autant que celui qui l'a fait demeure libre et citoyen. L'injure grave ou bien l'inimitié capitale, quelle qu'en soit la cause, ne porte au contraire aucune atteinte à la validité du testament. Le délit étant plus grave quand l'état a été contesté, la peine aussi doit être plus forte, la conclusion est naturelle (1). Et le surcroît de peine consiste précisément dans l'attribution au fisc du legs, qui dans les deux autres cas reste à l'héritier. Le vice de cette argumentation est palpable : le légataire, quand il a contesté l'état du testateur, doit être plus puni, mais l'est-il en effet davantage ? Dans tous les cas il ne perd rien que le legs : que lui importe que ce legs reste dans les mains de l'héritier, ou bien qu'il soit attribué au fisc ?

Une autre explication donnée par Barthole n'est pas plus satisfaisante : Lorsqu'il y a eu inimitiés ou injures graves entre le légataire et le testateur, celui-ci est censé avoir changé d'intention et révoqué le legs; mais, s'il s'agit d'une contestation d'état, bien que le testateur soit offensé aussi gravement que possible, cette présomption de changement de volonté ne peut plus être invoquée; car pendant le procès il y a incertitude sur l'état du testateur, c'est l'issue du litige qui fera connaître s'il est libre ou esclave, citoyen ou étranger (2). Or, ceux dont l'état est incertain ne peuvent faire ni modifier leur testament, et lorsque l'incertitude a cessé par suite du

(1) Cuj. ad h. l. 9.
(2) L. 14, qui test. fac. poss. D.

jugement, et avec elle l'impossibilité pour le testateur de révoquer, la cause de la révocation, c'est-à-dire la contestation d'état, a disparu également. Le legs n'est donc pas considéré comme révoqué; néanmoins, comme le légataire est indigne de le conserver, le fisc le lui enlève.

Quelque subtile que soit cette seconde tentative de conciliation, elle ne nous satisfait pas plus que la première. Admettre qu'à la suite de la contestation d'état, le testateur et le légataire sont devenus ennemis, mais que la terminaison du procès a dû faire cesser cette inimitié, est un non-sens évident; pourquoi l'inimitié ne survivrait-elle pas au procès? Est-ce que le ressentiment d'une injure s'éteint avec l'acte injurieux?

L'interprétation de Rucker nous semble beaucoup plus logique (1). Elle repose sur une distinction qui paraît être dans l'esprit d'Ulpien, l'auteur de la loi 9 : Si la contestation d'état est survenue du vivant du testateur, sans être suivie d'une réconciliation, il faut, suivant Rucker, reconnaître que le testateur et le légataire sont devenus ennemis, qu'il y a eu de la part du premier changement de volonté et intention tacite que le legs ne soit pas payé : c'est donc l'héritier qui conservera la chose léguée; le fisc n'aura rien à y prétendre. Les deux premiers paragraphes de la loi 9 conduisent nécessairement à cette solution, et le dernier ne le contredit en rien; il faut remarquer, en effet, que le texte porte : *Si autem status ejus controversiam*, et non pas *si ei;* le mot *ei*

(1) Ruck. interp., cap. 1.

indique bien que le jurisconsulte ne parle pas du cas où la contestation d'état est survenue du vivant du testateur, mais de l'hypothèse où elle n'a eu lieu qu'après la mort de celui-ci. Le titre Ne de statu defunctorum au Digeste nous montre que la contestation d'état est possible dans les cinq années qui suivent le décès ; en supposant ainsi la contestation intervenue après la mort, la solution du dernier alinéa s'explique naturellement, ou au moins sans grande difficulté, même en présence de la première partie de la loi. Le testateur mort n'a plus de volonté, il n'y a donc pas de révocation possible ; mais, comme il y a indignité de la part du légataire, le fisc, d'après la règle générale, devra profiter du legs.

Entre ces différents systèmes d'interprétation, notre choix ne peut pas être douteux ; nous adoptons le dernier, qui seul ne se heurte pas contre les principes du droit ou du bon sens. Mais nous ajouterons quelques réflexions, dans le but de faire apercevoir une erreur, selon nous, commise dans l'explication générale de la loi 9, par la plupart des interprètes, même par Rucker. Les commentateurs, en effet, voient dans cette loi trois causes d'indignité (1). Vieling, au contraire, ne reconnaît dans cette même loi qu'une cause rendant indigne le légataire, à savoir la contestation d'état qu'il fait éprouver au testateur (2). Nous pensons que cet auteur est dans le vrai. Des trois hypothèses prévues par Ulpien,

(1) Heineccius. ad leg. Jul. et pap. popp. ad cap. leg. 8. — Scip. Gent. cap. x. de jure accrescendi. Rucker, *loc. cit.*

(2) In. lect. jur. civ. de bon. erept.

deux doivent se rapporter au titre précédent (1), et la troisième seulement au titre de his quæ ut ind. — En effet, les biens enlevés pour cause d'indignité (ereptitia) sont des biens acquis, mais dont les indignes sont privés après l'acquisition. Or, dans le cas d'inimitiés capitales ou d'injures, rencontrons-nous ces deux traits caractéristiques de l'indignité, acquisition, privation de la chose acquise? Personne ne le soutiendra. Le légataire est privé du legs avant d'y avoir jamais eu aucun droit, puisque le legs lui est enlevé par un changement de volonté du testateur, c'est-à-dire du vivant de celui-ci, et par conséquent avant le *dies cedit.* — Une autre preuve que le légataire n'est pas indigne, c'est que l'héritier institué malgré l'inimitié survenue entre lui et le testateur ne perd pas ses droits à la succession (2). Pourquoi, si les inimitiés étaient une cause d'indignité vis-à-vis le légataire, n'en seraient-elles pas une vis-à-vis l'héritier? Il faut donc voir dans le princip. et le § 1 de la loi 9 deux cas de révocation tacite de legs. Les legs, en effet, peuvent être révoqués directement ou tacitement : directement soit dans le testament lui-même contrariis verbis, soit dans des codicilles confirmés par le testament; tacitement soit par des codicilles non confirmés, soit même par la volonté non exprimée du testateur, ce qui est notre hypothèse. La seule différence entre ces deux sortes de révocation, c'est que la révocation expresse et directe fait considérer le legs *pro non*

(1) De his quæ pro non script. hab. D., liv. 34, t. 8.

(2) L. 22, D. de adim. vel. transf. leg.

scripto, tandis que la simple révocation tacite engendre seulement une exception de dol contre le légataire qui réclame son legs (1). — L'hérédité, au contraire, n'est pas susceptible d'être enlevée tacitement; pour révoquer une institution d'héritier, il faut nécessairement un testament nouveau fait d'après toutes les règles du droit, ou la destruction matérielle de l'ancien. En considérant les inimitiés capitales ou les injures graves comme faisant simplement présumer un changement de volonté chez le testateur, et non point comme une cause véritable d'indignité, on conçoit bien le maintien de l'institution et la révocation du legs, la volonté tacite étant impuissante à détruire l'une, et pouvant au contraire entraîner la destruction de l'autre. — Il n'y a donc, en réalité, dans la loi 9, qu'un seul cas d'indignité, résultant de la contestation d'état. Cette manière de voir fait disparaître toute difficulté, rend claire et facile la doctrine d'Ulpien; il n'y a plus, dans la loi 9, que l'application pure et simple de principes généraux et incontestables; car l'effet de la révocation est de laisser le legs dans l'hérédité, et celui de l'indignité d'en entraîner l'attribution au fisc.

Maintenant pourquoi la contestation d'état est-elle une cause d'indignité, tandis que les inimitiés ou les injures sont seulement des causes de révocation? C'est alors que nous appelons à notre aide la distinction proposée par Rucker. Si la contestation est survenue pendant la vie du testateur, le legs sera révoqué et restera à l'héritier; si, au contraire, elle

(1) L. 33 de reg. jur. D. — L. 3, § 11, et l. 22 de adim. vel transf. leg. D. — L. 36, § 3, test. mil. D.

est postérieure au décès, la révocation devient impossible, mais l'indignité atteint le légataire, et le fisc profite du legs.

§ 3.

Indignité de l'affranchi qui dénonce le commerce illicite que faisait son patron de son vivant.

L'affranchi qui, après la mort de son patron, le dénonce comme ayant fait un commerce illicite, est déclaré indigne par un rescript de Sévère et Antonin. Les marchandises dont le commerce était prohibé étaient nombreuses à Rome, et nous n'avons pas à donner ici l'énumération qu'en font les constitutions impériales. Citons seulement pour exemple la prohibition d'exporter aux barbares des armes, du fer, du vin, des céréales, des étoffes précieuses. Les objets de contrebande appartenaient à l'État par droit de confiscation, et le dénonciateur recevait une récompense, sorte de prime d'encouragement accordée à la délation dans l'intérêt du trésor. L'affranchi, privé des libéralités testamentaires, à cause de son indignité, recevait néanmoins le prix de sa dénonciation, c'est-à-dire, selon la plupart des commentateurs, le quart des marchandises confisquées, il était donc tout à la fois puni et récompensé : puni, puisque le bénéfice du legs ou du fidéicommis lui était enlevé ; récompensé, puisqu'il recevait une partie des objets vendus en fraude. Cette réunion d'une peine et d'une récompense pour un même acte semble choquante, et cependant on en voit des exemples frappants dans l'histoire romaine ; c'est ainsi qu'un historien rapporte qu'aux temps des guerres civiles entre Marius et Sylla, un tribun du peuple, Sulpicius, du parti de Marius, ayant été proscrit et chassé de la ville, et sa retraite découverte par un de ses esclaves, le traître, en récompense de sa trahison, reçut la liberté; mais, en punition de son infidélité à son maître malheureux, il fut précipité de la roche tarpeïenne(1). Accorder la liberté à un esclave, et lui prendre immédiatement après la vie, nous semblerait aujourd'hui une dérision; mais les Romains, et c'est là un trait remarquable de leur caractère juridique, poussaient jusqu'à l'exagération le respect de la loi et de la logique. Un même fait impliquait-il à la fois une peine et une récompense, ils punissaient et récompensaient, la récompense dût-elle s'absorber, s'anéantir dans la peine. Au reste, la décision donnée par la loi romaine dans l'hypothèse d'une dénonciation de contrebande, faite par un affranchi contre son patron, n'a absolument rien de contradictoire; le cumul de la peine et de la récompense, quoiqu'un peu subtile sans doute, se conçoit: le dénonciateur est indigne de recueillir les legs de fidéicommis, parce que les liens qui l'unissaient à son patron auraient dû l'empêcher de le trahir; mais son indignité doit être impuissante pour le priver de la recompense que tout autre délateur eût obtenue.

Un édit de Trajan avait accordé aux incapables d'acquérir *ex testamento*, et qui découvriraient eux-mêmes au fisc leur incapacité, une portion des libéralités testamentaires que le défunt leur avait faites.

(1) Herald. observ. cap. 27.

En déclarant que cet édit n'est point applicable en matière d'indignité, parce qu'il ne faut pas que l'indigne profite en quoi que ce soit des dispositions testamentaires, les lois 5, § 20, *De his quæ ut ind.*, et 13, § 9, *De Jure fisci*, ne sont point en contradiction avec la décision de notre texte (1); car l'affranchi dénonciateur de son patron, quoiqu'il reçoive le quart des marchandises confisquées, ne conserve aucune fraction des libéralités qui lui ont été faites par le défunt.

§ 4.

Pacte sur succession future.

Le droit romain réprouve les conventions de ce genre ; il y voit un péril pour celui de la succession duquel il s'agit, et un désir impie de la part de l'héritier présomptif, un *votum mortis*, une atteinte à l'ordre public et aux bonnes mœurs. Ces conventions sont odieuses, dit la const. 30 au Code *De Pactis*, et pleines de dangers : « Omnes hujus modi pactiones odiosæ esse videntur et plenæ tristissimi et periculosi eventus. » Aussi les pactes sur succession future sont-ils frappés de nullité, à moins que le *de cujus* n'ait approuvé la convention, et persévéré dans son sentiment jusqu'à sa mort. En outre, l'héritier qui a ainsi pactisé sur une succession non encore ouverte en est exclu, parce que la loi le considère comme indigne d'en profiter ; il s'est trop hâté de jouir de biens qui ne lui appartenaient pas encore (2). Qu'on n'oppose pas à ces textes la solution

(1) L. 1 de his quæ ut ind.

(2) L. 2, § 3, D. de his quæ ut ind. — L. 29 et 30 D. de donat.

de la loi 7, § 18, de Pactis, qui, supposant un pacte de remise intervenu du vivant du père de famille entre son fils et ses créanciers, admet en faveur du fils devenu l'héritier de son père, une exception de dol, c'est-à-dire valide le pacte dans une certaine limite, et ne fait encourir au fils aucune peine. L'opération du fils, en effet, a degrevé la fortune paternelle ; c'est une opération utile, profitable, c'est un acte de bonne administration qu'il serait absurde de punir.

§ 5.

Emploi de la violence ou du dol contre la liberté de tester.

Ceux qui par violence ou par dol avaient obligé le testateur à tester contre sa volonté, ou ceux qui l'avaient empêché de tester selon sa volonté, étaient encore exclus de la succession comme indignes (1). Le délit commis méritait une punition, et la plus naturelle sans doute c'ait l'indignité qui privait le coupable du fruit de son délit. La loi 3 D. eod. tit., en décidant qu'un mari qui, sans employer la violence ou le dol, flattait sa femme *maritali sermone*, pour l'apaiser et l'empêcher de changer, par un codicille, une disposition testamentaire qu'elle aurait faite en sa faveur, n'encourait aucune exclusion, donne à entendre bien clairement que l'indignité n'était attachée qu'à un dol véritable, rentrant dans la définition donnée par la leçon.

Le testament extorqué par violence ou surpris par dol est-il nul? Voilà la première question que présente la matière, et cette question est controversée.

(1) L. 1. D. si quis aliq. test. L. 1, 2 C. eod. tit.

Mais nous n'hésitons pas à adopter le système de la validité, et pour la démontrer, nous invoquons à la fois les idées romaines en matière de solennité d'actes, les principes de l'indignité et les conséquences ordinaires du dol et de la violence.

On connait la puissance des formes solennelles dans le droit romain ; tous les actes de la vie civile, à l'exception des contrats les plus usuels, sont astreints à des formalités sans lesquelles ils n'existent pas ; les testaments surtout sont au plus haut point marqués de ce caractère formulaire et symbolique : ce qui constitue le testament, c'est avant tout la présence du *libripens*, le pesage du métal prix de l'hérédité, c'est la vente fictive. La volonté du testateur fût-elle viciée, qu'importe ? Les formalités voulues ont été accomplies, le testament est valable *jure civili;* et si le droit prétorien ne venait pas corriger la rigueur du vieux droit des Quirites, l'acte testamentaire produirait tous les effets d'un testament accompli par le testateur avec une volonté libre et réfléchie.

D'un autre côté, en déclarant le testament nul, quand il est le résultat d'un dol ou d'une violence, il devient impossible de concevoir comment ceux qui ont trompé ou violenté le testateur sont indignes. Car l'indignité, encore une fois, suppose une acquisition de ceux qui en sont frappés ; et d'ailleurs les lois 1 et 2 D. l. 2 C. eod. tit., disent formellement que les actions héréditaires sont transportées au fisc ; ce qui implique nécessairement que l'hérédité a été acquise, et par conséquent que le testament, source de l'acquisition, était valable. Les partisans de la nullité répondent à cet argument que les textes qui enlèvent la succession aux institués, et l'attribuent au fisc, n'ont qu'une portée limitée ; il faut, suivant eux, les restreindre aux cas où les personnes instituées dans le testament sont héritières en vertu d'un autre titre que celui résultant du testament lui-même : ils imaginent, par exemple, que les auteurs du dol ou de la violence étaient des successibles ab intestat. Le testament est nul, disent-ils, et partant les institués restent sans vocation testamentaire ; mais ils ont encore la vocation *ab intestat*, en vertu de laquelle ils viennent en effet à la succession ; mais ils en perdent l'émolument, à cause de leur indignité, pour avoir employé contre le défunt le dol ou la violence (1). Cette réfutation ingénieuse est plausible sans doute pour le cas où des héritiers légitimes ont empêché le *de cujus* de tester, ou bien pour celui où des héritiers appelés en vertu d'un premier testament se sont opposés à la confection d'un nouveau ; mais comment l'appliquer aux hypothèses où le défunt, au lieu d'avoir été empêché de tester, a été forcé de le faire par des étrangers ? Ces étrangers institués sont indignes, comme le seraient des héritiers légitimes, et dépouillés de la succession dont le fisc vient s'emparer, et ils n'ont pourtant d'autre titre que celui résultant du testament (2). L'explication proposée doit donc être rejetée, parce qu'elle suppose la coexistence de deux vocations héréditaires, dont les lois romaines ne font aucune men-

(1) Fern. Vasquez. succes., § 17, n° 5 et n° 9.

(2) Ant. Fab. dec. 38. Err. 34, n° 10.

tion. Ant. Favre ajoute une considération qui ne manque pas non plus d'importance : pourquoi enlever aux héritiers institués une succession qu'ils n'auraient point en qualité d'institués et en vertu du testament, mais en vertu de la loi et comme héritiers ab intestat ? Ils n'ont rien fait pour démériter de la succession légitime ; vis-à-vis d'elle ils sont purs et sans reproche ; c'est envers la succession testamentaire qu'ils se sont rendus coupables, en contraignant la volonté du testateur : leur punition ne devait donc pas consister dans la privation de l'hérédité ab intestat.

Personne ne conteste les conséquences du dol ou de la violence dans le domaine des contrats ; tout le monde reconnait que le consentement quoique vicié subsiste néanmoins, que l'obligation est valable d'après le droit civil, et que le débiteur ne trouve de protection que dans les remèdes prétoriens, l'action *quod metus causa*, l'action ou l'exception *de dolo* et la restitution en entier. Nous ne voyons pas de motifs, et il n'y en a pas, pour s'écarter de cette théorie générale, lorsqu'à la place d'une convention l'on suppose une déclaration de volonté unique comme dans le testament. La loi 21, § 5 D. quod met. caus. nous montre en effet que celui qui a été contraint d'accepter ou de refuser une succession, peut se faire restituer contre le préjudice que lui cause un pareil acte, c'est donc que cet acte est valable en soi, *jure civili*.

Mais l'hésitation est permise sur un autre point, à cause de l'antinomie des textes. Il s'agit de savoir si le dol ou la violence produisent l'indignité indépendamment de la participation des institués. Dans un premier système, celui d'Accurse, que la plupart des jurisconsultes qui ont écrit sur l'ancien droit français ont adopté, le dol et la violence ne seraient pas opposables à ceux qui en sont innocents ; le fait de l'un, dit-on, ne doit pas nuire à l'autre ; c'est une règle pleine d'équité et dictée par la raison, qui s'applique même malgré l'intimité existant entre le coupable et ceux qui profitent du délit « Factum fratris fratri non nocet (1). » On cite encore dans ce sens les lois 44 D. de hered. inst., 5, § 5, D. de oper. nov. nunciat. et 115 D. de reg. jur. Dans un second système, on soutient l'indignité sans s'occuper par qui le dol ou la violence ont été commis, fussent-ils l'œuvre d'un tiers (2), et le principal argument se tire de la loi 1 C. Si quis aliq. test., ainsi conçue : « Civili disceptationi crimen adjungitur, si testator non sua sponte, sed compulsus ab eo qui heres est institutus, *vel a quolibet alio*, quos noluerit scripsit heredes. » Ces mots *vel a quolibet alio* n'indiquent-ils pas que l'exclusion est encourue quand même le délit est l'œuvre d'un autre que l'institué ?

Peut-être doit-on chercher la conciliation dans la différence ordinaire entre les effets du dol et ceux de la violence. Le dol est un vice relatif opposable seulement à ceux qui en sont les auteurs ; la violence, au contraire, vice absolu, est opposable à tout le monde. Cette explication se soutient d'autant mieux que la loi 1 C. Si quis aliq. test. proh. prévoit évidemment une espèce où le testateur a été

(1) L. 2, § 1, D. siquis aliq. test. prohib.

(2) Vasquez, § 17, nº 5. — Fab. error. 6, dec. 38.

violenté, comme le prouve l'expression *compulsus* dont elle se sert. Il est vrai que cette solution est contrariée par deux textes (les lois 1, § 1, D. eod. tit. et L. unic. D. quibus non comp. bonor. poss.); mais il faut considérer que le dol, œuvre du père de famille, devait lui profiter dans le principe, et qu'il n'est pas étonnant que le fait accidentel d'un affranchissement postérieur n'en modifie pas les conséquences. C'est ce qui expliquerait comment l'esclave affranchi est, malgré son innocence, privé de l'hérédité.

La question de l'indignité se présente aussi pour les légataires ou fidéi-commissaires, toujours dans l'hypothèse où la volonté du testateur n'a pas été libre. Paul décide formellement que celui qui voulait changer son testament pour en faire un nouveau, et qui en était empêché par les institués, était censé avoir abandonné toutes ses dispositions testamentaires, *ab universo judicio priore recessisse eum videri* (1). Un simple projet d'un testament nouveau n'avait pas en effet la force de révoquer un testament précédent (2); mais il suffisait pour l'exclusion des personnes auxquelles la succession était attribuée dans le testament primitif soit à titre héréditaire, soit à titre de legs ou de fidéicommis, parce que ces personnes n'avaient pas pour elles la dernière volonté du défunt (3).

Cependant si l'on confère avec la loi 19, la loi 1,

(1) L. 19 D. de his quæ ut ind.
(2) Inst., § 2, quib. mod. test. infirm.
(3) L. 12 D. de his quæ ut ind.

in fin. D. si quis aliq. test. proh., la loi 2, § 2, cod. tit.; et la loi 3, § ult., D. ad SC^tum Trebel., on aperçoit une solution contradictoire. Les fidéicommis sont maintenus, les legs doivent être acquittés par le fisc.

Il nous semble, avec Barthole, qu'il faut former une règle des textes opposés à la loi 19, et la placer à côté de celle consacrée par cette dernière loi. Le testateur avait-il eu l'intention de revenir complètement sur ses dispositions antérieures, c'était le cas d'appliquer la décision de la loi 19; n'avait-il voulu, au contraire, que remplacer l'institution par une autre institution, l'héritier seul était indigne, et le fisc qui s'emparait de l'hérédité devait acquitter les legs et les fidéicommis; c'était l'hypothèse des lois 1 et 2, D. si quis aliq. test. proh., et de la l. 3 ad SC^tum Trebel.

Remarquons que si cette distinction est fondée, comme elle l'est en effet, on y trouve une nouvelle preuve de la validité du testament entaché de dol ou de violence; car, s'il était nul, comment expliquer que les legs ou les fidéicommis soient jamais dus?

§ 6.

Des attaques dirigées contre le testament.

Le droit romain reconnaissait quatre manières différentes d'attaquer un testament: 1° La voie de nullité, en prétendant qu'il n'avait pas été fait avec les solennités requises; 2° La voie du faux; 3° La plainte d'inofficiosité; 4° Et la *bonorum possessio contra tabulas*.

Nous allons examiner successivement quel était le

résultat, au point de vue de l'indignité, de l'emploi de chacun de ces moyens d'attaque.

1° Voie de nullité. L'héritier ab intestat pouvait soutenir impunément que le testament n'était pas *jure factum;* car cette prétention n'avait rien d'injurieux pour le défunt (1). La loi 30 D. de except. rei jud. n'est point un obstacle à cette solution, car, dans l'espèce qu'elle prévoit, il n'y a que l'application pure et simple du principe de la chose jugée.

La réception du legs n'empêchait pas le légataire d'attaquer le testament par nullité, ni même de l'arguer de faux, quoique dans la même hypothèse, il fût non recevable à proposer la plainte d'inofficiosité (2). Cujas a voulu restreindre la portée de ce texte; il dit que celui qui avait reçu le legs pouvait attaquer le testament s'il n'avait pas connu la nullité ou le faux lors de la réception du legs, et demander l'hérédité *ab intestat;* mais qu'il était repoussé de sa demande, lorsqu'il avait agi en connaissance de cause, comme s'il avait connu la nullité; ou bien si, ayant une pleine connaissance du testament et de sa forme, il avait ignoré qu'il y eût quelque nullité; car c'était alors une ignorance de droit qui ne pouvait l'excuser, à moins que le sexe, la condition ne militât en sa faveur et ne le relevât de l'ignorance du droit (3). Cette restriction, Cujas la fonde sur la loi 43 de hered. petit., et la loi 5 elle-même, § 1. Ces textes parlent l'un et l'autre d'un même rescript de l'empereur Antonin; mais nous

(1) L. 5, § 1. D. de his quæ ut ind. — L. 21, eod. tit.
(2) L. 5, D. pr. de his quæ ut ind.
(3) Cuj. ad l. 5, de his quæ ut ind.

ne pensons pas qu'on doive lui donner le sens que lui attribue l'opinion de Cujas.

Et, d'abord, dans la loi 43, il est dit que la pétition d'hérédité est refusée au légataire, non pas s'il a reçu le legs, la réception du legs n'est qu'une des circonstances de la cause qui avait été soumise à l'empereur, mais si la demande a un fondement manifestement mauvais, si elle n'a été formée que par un esprit de vexation, *scilicet manifesta calumnia sit*. Ces paroles qui terminent la loi, et sont le motif de la décision, ne signifient pas autre chose.

Quant au § 1 de la loi 5, il formule une règle déjà exprimée par le *principium*, à savoir que, bien que le legs ait été reçu, l'héritier légitime peut encore demander la nullité du testament et réclamer l'hérédité : *petere hereditatem ipso jure potuerunt ;* puis une exception ainsi conçue : « Prohibendi autem sint, an non, ex cujusque personâ, conditione, ætate, cognita causa a judice constituendum erit. » C'est-à-dire que, si indépendamment de la réception du legs, il se trouvait quelque autre moyen pris de la personne, de la condition ou de l'âge, le juge devait déterminer avec connaissance de cause si ce moyen était suffisant ou non pour exclure les héritiers ab intestat de la pétition d'hérédité ; mais l'empereur n'a jamais voulu dire que le légataire, après avoir reçu le legs alors qu'il n'ignorait pas la nullité, était non recevable à attaquer le testament comme nul, à moins qu'il ne fût dans une situation exceptionnelle et favorable (1).

2° Accusation de faux. En alléguant la fausseté du

(1) Furg., chap, VI, section III.

testament, on porte atteinte à la volonté dernière du défunt, puisque la fin de l'action est de l'annuler. Aussi l'accusation de faux rendait-elle indignes ceux qui l'avaient intentée à tort (1). Cependant l'indignité n'était encourue que vis-à-vis l'héritier dont l'institution avait été contestée, en sorte que le légataire conservait tous les droits à l'égard de ceux des institués qu'il n'avait point inquiétés (2). En outre, il ne suffisait pas pour être exclu d'avoir argué de faux le testament du défunt, il fallait encore avoir persévéré jusqu'à la fin dans l'injuste procès. Le désistement intervenu, avant le jugement définitif, faisait donc éviter l'indignité (3). Ces deux limitations sont intéressantes à noter.

La règle, ainsi modifiée et expliquée, s'appliquait non-seulement à celui qui intentait l'accusation, mais encore à ceux qui y coopéraient, soit en prêtant leur témoignage (4) ou leur ministère comme avocats ou procureurs, soit enfin en fournissant caution pour l'accusateur (5).

Mais il fallait avoir agi en son propre nom, et non pas au nom d'autrui (6). Le père naturel ou l'adrogeant qui accusaient de faux un testament au nom de leur fils n'étaient donc point indignes, ni le tuteur portant la même accusation au nom de son pupille.

(1) L. 5, de his quæ ut ind. — L. 6, D. de hered. petit. — L. 20, D. de jur. fiscl. — L. 6, C. ad leg. corn. de fals.

(2) L. 4, D. de his quæ ut ind.

(3) L. 8, C. eod. tit.

(4) L. 5, § 10, eod tit. D.

(5) § 11, eod. tit.

(6) L. 22, de his quæ ut ind.

« Quia officii necessitas et tutoris fides excusata esse debet. » Il eût été dangereux, en effet, de placer les personnes chargées d'exercer la puissance paternelle ou tutélaire entre leur devoir de protection et leur intérêt personnel ; combien peu eussent agi si le mauvais succès de l'action eût entraîné pour eux-mêmes la perte de ce que le défunt leur laissait à titre de legs ou de fidéicommis ?

Si le tuteur n'est point indigne pour avoir attaqué le testament au nom du pupille, le pupille au contraire le devient par le fait de cette accusation portée par le tuteur, comme s'il eût agi lui-même. L'indignité du pupille est donc subordonnée à la volonté arbitraire du tuteur, maître d'agir ou de ne pas agir ; ce droit semble rigoureux, mais il reçoit des tempéraments : si le tuteur a agi de son propre mouvement, sans y être invité par la mère ou les proches parents de l'enfant, il reste obligé par l'action de tutelle si la plainte de faux a échoué (1). Et quand bien même le tuteur se serait mis en règle pour échapper à toute responsabilité, le pupille, déclaré indigne, pourrait encore espérer une *restitutio in integrum* (2), restitution accordée dans le principe par l'empereur lui-même, parce qu'il s'agissait des intérêts du fisc, mais que les préteurs s'arrogèrent sans doute plus tard le droit d'accorder eux-mêmes (3).

La plupart de ces observations sont applicables aussi bien à la *querela inofficiosi testamenti* qu'à l'accusation de faux ; nous n'y reviendrons pas.

(1) L. 2, C. de his quib. ut ind. — L. 5, § 9, D. eod. tit.
(2) L. 5. § 9, D. eod. tit.
(3) L. 1, si advers. fisc. C.

3° Plainte d'inofficiosité. La nécessité d'exhéréder les héritiers siens et nécessaires était imposée aux pères de famille qui voulaient tester en faveur d'étrangers ; avant de pouvoir disposer librement de leur patrimoine, ils devaient d'abord en dépouiller ceux qui y avaient une sorte de droit de copropriété. Si les enfants héritiers siens et nécessaires n'avaient pas été valablement exhérédés, le testament était nul *ipso jure*. La mère et les ascendants maternels n'ayant point d'héritiers siens n'étaient point obligés à l'exhérédation ; leur silence équivalait à l'exhérédation même. Ces principes élémentaires sont longuement exposés, avec les variations historiques, aux Institutes de Justinien (1). Ce n'est pas à dire que les enfants exhérédés par les ascendants paternels, ou omis par les ascendants maternels, restaient sans protection légale, si la conduite de leurs parents n'avait été inspirée par aucun motif légitime. En effet, avec le temps, s'était introduit dans le droit romain la *querela inofficiosi testamenti*, ou plainte d'inofficiosité, moyen d'attaque contre le testament offert aux héritiers qui n'avaient rien fait pour mériter la spoliation dont ils étaient victimes. L'introduction de cette action fut due à l'initiative des jurisconsultes ; on reconnut que, pour préférer des étrangers à ses proches parents, il fallait, sinon d'après le droit civil, du moins d'après l'équité naturelle, avoir des raisons graves. Les enfants, privés de l'hérédité paternelle ou maternelle, furent donc admis à attaquer le testament comme inofficieux, et

(1) Lib. II, t. XIII, de exhered. liber.

l'on appela inofficieux tout ce qui était contraire aux devoirs que le sang et l'affection imposent à certaines personnes, et que les Latins nommaient *officia;* en sorte que le testament inofficieux était un testament contre lequel ne s'élevait aucun reproche légal, mais qui blessait les sentiments de la nature et de la consanguinité. Rescinder le testament, et remplacer l'hérédité testamentaire par l'hérédité légitime, tel était le but de la plainte d'inofficiosité. Elle appartenait non-seulement aux enfants exhérédés ou omis, mais encore aux ascendants injustement prétérits, et même aux collatéraux au degré de frères et sœurs, pourvu que le testateur ait préféré à ces derniers des personnes d'une condition vile, tels que des histrions, des bateleurs, des prostituées (1).

Comme le droit civil se contentait de l'exhérédation ou de l'omission, selon les cas, des héritiers légitimes, sans que cette rigueur fût motivée, on avait imaginé, pour justifier légalement la rescision du testament par la *querela*, une fiction consistant à voir, dans le testateur qui avait ainsi préféré des étrangers aux membres les plus proches de sa famille, un homme ne jouissant pas de l'exercice complet de ses facultés mentales. « Hoc colore quasi non sanæ mentis fuerint, cum testamentum ordinarent. »

La plainte d'inofficiosité, c'est en cela qu'elle se rattache à notre sujet, n'était pas sans danger pour ceux qui l'intentaient, car ils étaient regardés et traités comme indignes s'ils succombaient dans leur action; en conséquence, ils perdaient toutes les li-

(1) Inst. loc. cit.

béralités que le défunt, quoiqu'en ne les instituant pas, avait pu leur faire. L'on conçoit l'indignité comme peine de l'exercice irréfléchi de la *querela*, si l'on considère combien cette action était injurieuse pour le testateur, puisqu'elle était fondée sur le prétexte de son insanité d'esprit (1).

Il y avait deux particularités dans l'indignité dérivant de la plainte d'inofficiosité qui ne se rencontraient pas dans l'indignité qui résultait de l'accusation de faux.

La première consistait en ce que la *querela* faisait perdre indistinctement tout ce qui avait été laissé par le testateur, quoique payable par l'un des héritiers contre lequel elle n'avait pas été exercée; et il en devait naturellement être ainsi, car ce qui rend le légataire indigne, c'est, nous l'avons vu, le reproche de démence qu'il a adressé au testateur; or, l'injure est de sa nature indivisible dans ses effets(2).

D'un autre côté, et c'est la seconde particularité, l'exercice de la plainte d'inofficiosité devenait impossible à la suite d'une renonciation, soit expresse, soit tacite; l'héritier légitime était censé y renoncer, par exemple, lorsqu'il avait consenti à recevoir le legs à lui fait dans le testament (3).

Soit que l'on ait pris la voie du faux ou celle de la *querela*, pour impugner les dernières volontés du

(1) L. 8, § 14, D. de inoff. testam. — L. 8, C. de his quib. ut ind.

(2) L. 4, D. de his quæ ut ind. — Cuj. ad leg. 8 de prætor. stipul.

(3) L. 5, de his quæ ut ind. — L. 10, § 1, D. de inoff. test. — L. 23, § 1, eod. tit. — L. 31, § 3 et 4, eod. tit.

défunt, l'indignité s'étendait non-seulement aux legs ou fidéicommis contenus dans le testament principal, mais encore à toutes les dispositions codicillaires (1). Car les codicilles se rattachant au testament, vouloir anéantir celui-ci, c'est vouloir anéantir ceux-là. Nous dirons la même chose d'une substitution pupillaire; le bénéfice en sera également enlevé au substitué, d'après cette règle « Nam pupillare testamentum pars et sequela est paterni testamenti (2). » Mais à l'inverse, comme la nullité de la substitution ou des codicilles n'entraînait pas la nullité du testament principal, l'attaque dont ils étaient l'objet n'avait d'autre effet que de priver le demandeur des avantages qu'ils lui assuraient; mais il conservait les libéralités écrites à son profit dans le testament lui-même (3).

IV. *Bonorum possessio contra tabulas.* C'était là encore une manière de rescinder le testament, et une voie ouverte aux héritiers du sang pour parvenir à la succession. La *bonorum possessio contra tabulas* ou *contra lignum*, était accordée aux enfants passés sous silence par le chef de famille, *liberis præteritis*, comme dit le texte des institutes (4); mais les enfants exhérédés n'y étaient pas admis.

Lorsque la *bonorum possessio* avait été obtenue, l'institution testamentaire était donc anéantie, et avec elle auraient dû disparaître toutes les autres dispositions faites par le testateur, legs ou fidéicom-

(1) L. 5, § 14, D. de his quæ ut ind.

(2) Inst., § 5, de pupil. subst.

(3) L. 5, § 14, D. de his quæ ut ind.

(4) Inst. de bonor. poss., § 3.

mis; c'est ce qui arrivait aussi en règle générale; mais l'édit prétorien avait introduit d'assez nombreuses exceptions, et il maintenait, malgré la rescision du testament, les libéralités laissées par le défunt à ses descendants et à ses ascendants (1). Il respectait également les legs faits par le mari à sa femme, *nomine dotis*, et ceux faits par le beau-père à sa bru (2). Mais l'exception favorable, imaginée par le préteur, cessait d'être appliquée si c'était le légataire qui avait exercé lui-même la *bonorum possessio :* «Omnibus autem liberis præstari legata prætor voluit, exceptis his liberis, quibus bonorum possessionem prætor dedit ex causis supra scriptis : nam si dedit bonorum possessionem, non putat legatorum eos persecutionem habere (3). »

Le légataire qui avait droit à la *bonorum possessio contra tabulas* devait donc choisir entre l'exercice de celle-ci et les legs à son profit; car, s'il exerçait l'une, il perdait nécessairement les autres comme indigne.

L'exclusion dérivant de cette cause d'indignité, affectait toute espèce de dispositions favorables, ayant leur source dans la volonté du défunt (4). L'espèce prévue par ce texte et la loi 2, princ. D. de his quæ ut ind., en est la preuve : un père de famille a deux enfants dont l'un est impubère, et en sa puissance, et l'autre émancipé. Il institue l'impubère et omet

(1) L. 1, D. de leg. præst. — L. 1, C. de bonor. poss. contra tab.

(2) L. 8, § 3 et 4, D. de leg. præst.

(3) L. 5, § 2, D. de leg. præst.

(4) L. 5, § 1, D. eod. tit.

l'émancipé, en le substituant néanmoins pupillairement à son frère. L'enfant prétérit exerce la *bonorum possessio*, et obtient par cette voie la rescision du testament paternel. Plus tard la mort de son frère en état d'impuberté donne ouverture à la substitution pupillaire, profitera-t-il de cette substitution? Remarquons d'abord que son titre de substitué subsiste toujours, car la substitution pupillaire est valable, pourvu que le testament de celui qui l'a faite soit valable *ex jure civili*, eût-il été rescindé *ex jure prætorio* (1). D'où la conséquence que le substitué serait appelé à recueillir la succession de l'impubère, si c'était un autre frère, par exemple, qui eût fait rescinder le testament du père; mais, comme cette rescision est son œuvre, il est exclu du bénéfice de la substitution et le fisc est appelé. Gaïus donne la même décision (2).

§ 7.

Suppression du testament.

La suppression d'un testament était envisagée par les Romains comme un délit d'une gravité suffisante pour assujettir à la peine du faux ceux qui s'en rendaient coupables (3). Les héritiers, si ce crime leur était imputable, étaient en outre exclus de la succession pour cause d'indignité: « Justissime tota hereditas paterna heredi ejus eripietur, » dit le jurisconsulte Marcellus, en parlant d'un fils qui avait

(1) L. 41, § 2, D. de vulg. et pupil. subst.
(2) L. 22, D. de vulg. et pupil. subst.
(3) L. 2, D. de leg. corn. de fals. — L. 1, C. eod. tit.

détruit le testament de son père et fait adition, comme s'il fût mort *ab intestat* (1).

L'indignité ne se bornait pas au seul héritier; elle atteignait aussi les légataires ou fidéicommissaires, quand ils avaient commis le même délit. La const. 25 au code de leg. le décide en termes positifs.

§ 8.

Violation d'une prohibition de mariage.

Les prohibitions de mariage étaient nombreuses en droit romain ; par exemple, un frère ne pouvait pas se marier avec sa sœur (2) ; il était défendu à un sénateur d'épouser une affranchie ou une femme de basse extraction (3), à un tuteur d'épouser sa pupille, et à un président de province, une femme de la province qu'il administrait (4).

L'indignité résultait de toutes ces unions illicites (5); toutefois, quand la défense était faite à l'homme à raison de sa charge ou de son emploi, comme au tuteur ou au président de province, l'exclusion n'était encourue que par l'époux et non par l'épouse, non pas seulement parce que la défense ne la regardait pas, mais parce qu'elle était supposée avoir cédé à la contrainte (6).

Mais, lorsque la prohibition de mariage concernait

(1) L. 26, D. eod. tit.

(2) L. 1, D. de his qui not. inf. — L. 53, D. de rit. nupt.

(3) L. 16, 23, 43, 44, 45, D. de rit. nupt.

(4) Voy. Alb. Gentilis. — Ant. Hotm. de rit. nupt. — Brisson. lib. suiv. de jure connub.

(5) L. 4, C. de incest. nupt.

(6) L. 2, § 1 et 2, D. de his quæ ut ind.

les deux parties, l'indignité était commune et réciproque (1). Il n'y avait d'exception que pour ceux qui s'étaient mariés par erreur et sans mauvaise foi, ou qui étaient excusables à raison de leur âge, pourvu qu'ils se fussent hâtés, dès leur majorité, de cesser leur commerce illicite.

Voilà pour les dispositions testamentaires d'un des époux en faveur de son conjoint. Mais les donations entre vifs étaient également confisquées. « Nihil enim capi propter injustum matrimonium potest (2). » Ulpien, prévoyant dans la loi 32, § 28, D. de donat. inter vir. et uxor., l'hypothèse d'un mariage prohibé, s'exprime dans le même sens : « Et putem etiam sponsalia improbanda, et quasi ab indignis ea, quæ donata sunt, oblata, fisco vindicari. » Cependant les textes semblent abandonner le principe de la confiscation, quand c'est la femme qui a fait une donation à son mari, en permettant à celle-ci de répéter ce qu'elle a donné (3). Mais il faut restreindre ce droit de répétition des choses données aux cas où la femme n'a rien à se reprocher, où elle a obéi au pouvoir de son tuteur par exemple ; dans les autres cas, elle n'est pas traitée différemment du mari, et la dot est confisquée (4). Toutefois, il faut convenir d'une différence, à ce point de vue, entre les dispositions testamentaires et les donations entre vifs. Les femmes, en effet, ne conservent jamais les donations

(1) L. 4, C. incest. nupt.

(2) L. unic., D. unde vir et uxor. — L. 4, C. de incest. nupt.

(3) L. 7, C. de interd. matrim. inter. pupil. et tutor. — L. 7, C. de donat. inter vir. et uxor.

(4) L. 52, 61, 63, D. de rit. nupt.

faites par leurs époux, le fisc s'en empare toujours; tandis qu'il en est parfois autrement lorsqu'il s'agit d'institutions ou de legs (1).

Ici se place naturellement l'explication de la loi 13 de notre titre : Mævius, coupable d'adultère avec Sempronia, a été condamné pour ce crime, mais sa complice a été acquittée; plus tard mariage de Mævius et de Sempronia, et institution de celle-ci par son mari. Tels sont les faits soumis à Papinien par Claudius Seleucus. L'union est-elle un *justum matrimonium*, l'hérédité sera-t-elle recueillie par l'instituée? Le jurisconsulte répond négativement sur ces deux points, ajoutant qu'à l'inverse Mævius serait également indigne s'il avait été institué par Sempronia.

Entre autres objections (2), cette décision en a soulevé une qui mérite d'être réfutée à cause de sa valeur apparente. Le mariage n'existant point, a-t-on dit, ce qui a été laissé en faveur de ce mariage nul doit être considéré comme disposition non écrite, et par conséquent l'attribution de la libéralité au trésor impérial ne se comprend pas; on voit dans les lois 4, C. de hered. instit., 1, 9, D. eod. tit., et 5, C. de testam., qu'en effet l'erreur commise sur la personne de l'institué fait défaillir l'institution. Mais nous répondons qu'aucune erreur ne se rencontre dans l'espèce de la loi 13, que Mævius et Sempronia ont violé une prohibition de mariage, qu'ils le sa-

(1) L. 2, § 2, de his quæ ut ind.

(2) Voy. Jos. Fernandez de Retz, thes. Meerman. t. 6, p. 548.

vent, ou qu'au moins, s'ils ne le savent pas, on ne doit pas tenir compte de leur ignorance, car c'est vraiment le lieu d'appliquer l'adage, *nemo jus ignorare censetur*, et qu'ainsi la peine de l'indignité se justifie parfaitement.

Les Romains reconnaissaient plus d'une sorte de mariage ; ils distinguaient les justes noces (justæ nuptiæ, — justum matrimonium), le concubinat (concubinatus) et le stuprum. Les justes noces et le concubinat étaient des unions reconnues par la loi ; la concubine ne différait de l'épouse (uxor) que par le degré d'honneur et d'affection dont l'entourait son mari. Quant au stuprum, au contraire, union illicite, réprouvée, il donnait lieu à des peines à la fois civiles et corporelles.

L'*uxor*, au temps des lois caducaires, n'avait qu'une capacité restreinte de recevoir de son mari, à moins qu'en raison du nombre de ses enfants, elle ne fût arrivée à la *solidi capacitas*. Mais les concubines avaient, indépendamment de toute condition, la plénitude de la capacité : elles pouvaient donc acquérir toute espèce de libéralités contenues dans le testament de celui avec lequel elles vivaient. Aucune incapacité n'existait non plus contre la femme qui avait commis un stuprum ; mais l'indignité la frappait, comme nous le dirons tout à l'heure, tandis que la concubine n'était pas plus indigne qu'incapable. La règle que les concubines ne sont pas atteintes par l'indignité, résulte notamment de la l. 16, § 1, de his quæ ut ind. D. Ce texte de Papinien a tourmenté la plupart des commentateurs, et il est juste d'avouer que sa rédaction obscure et embrouillée ne fait pas honneur au prince des jurisconsultes. Nous ne citerons l'opinion d'Accurse que pour mémoire. La loi voudrait dire, d'après lui, que lorsque une affranchie a refusé d'être la concubine de son patron, qui vivait déjà avec une première concubine, son refus est excusable et ne doit pas la rendre indigne. Mais il n'y a rien de pareil dans le texte.

Quoique l'interprétation de Cujas (1) soit préférable à la précédente, elle doit être repoussée également, parce qu'elle n'est acceptable que moyennant une correction de texte qui n'est pas justifiée. Voici, suivant Cujas, l'espèce prévue par Papinien : Un sénateur, Cocceius Cassianus, avait épousé une ingénue du nom de Ruffina ; il y avait eu justes noces puisque le texte porte que le mari *pleno honore Ruffinam dilexerat,* et c'est précisément ce *plenus honor* qui distingue l'*uxor* de la concubine. Ruffina meurt laissant une fille issue d'un précédent mariage. Cassianus ne pouvant pas épouser cette fille de sa femme, parce qu'il n'y a pas de *connubium* entre le beau-père et la belle-fille (privigna), la prend pour concubine. Le concubinat est souvent possible quand le *justum matrimonium* ne l'est pas; il est vrai qu'il est interdit avec une ingénue, ce qui devrait avoir lieu ici, puisque la concubine est issue de Ruffina, qui jouissait de l'ingénuité. Toute union autre que les justes noces avec une ingénue est un stuprum et non un concubinat, à moins que l'ingénue soit de basse extraction, ou qu'antérieurement elle se soit prostituée. C'est ce cas de prostitution, dit

(1) Resp. Papin. L. 16, § 1, de his quæ ut ind.

Cujas, que suppose la loi 16, ce qui rend le concubinat licite ; et, pour justifier cette assertion, il fait subir une altération grave à la fin du texte, remplaçant le mot *quæsitam* par le mot *quæstum* et interpolant le mot *fecisse*. Avec cette modification, le sens de la loi devient intelligible. Cassianus a institué héritière pour partie sa concubine, la fille de Ruffina. Le bénéfice de l'institution ne sera point enlevé à celle-ci, car les concubines ne sont pas indignes de recevoir ex testamento.

On peut lire, dans Ranchin, la réfutation du système de Cujas (1). Papinien suppose, dans l'espèce, Ruffina concubine de Cassianus, et non point sa femme légitime; autrement, il l'eût désignée par l'expression consacrée d'*uxor ;* sans doute, il dit que Cassianus avait pour cette femme de l'estime, de l'amitié (pleno honore dilexerat) ; mais il prétend seulement indiquer par là les égards dont il l'entourait, et la préférence qu'il lui donnait sur toute autre. Ranchin, tout en admettant comme Cujas, que le concubinat peut quelquefois exister là où les justes noces ne le peuvent pas, fait remarquer avec beaucoup de raison qu'il n'en est plus ainsi lorsque l'obstacle au *connubium* repose sur les liens du sang ou de l'affinité. Cujas a donc tort de soutenir que la fille de Ruffina peut être la concubine de Cassianus; au reste, l'altération du texte que nécessite la doctrine de Cujas, suffirait à elle seule pour la faire rejeter.

Nous n'admettrons pas davantage l'interprétation d'Antoine Favre (2), parce qu'elle repose aussi sur

(1) Ranch. variarum. lect. lib. III, cap. I.

(2) Conject., lib. III, ch. 11.

une modification du texte. Il transpose les mots *cujus filiam*, et les met après ceux-ci : *Nepti coheredem datam appellaverat;* en sorte que la loi se termine par cette phrase : *Cujus filiam vulgo quæsitam apparuit;* avec cette transposition, il arrive à trouver au texte un sens facile : Ruffina a été la concubine de Cassianus, et celui-ci l'a instituée héritière pour partie ; le fisc réclame cette part de l'hérédité, prétextant que le concubinat n'est pas licite avec une ingénue; mais, comme dans l'hypothèse, l'instituée a eu une fille *vulgo quæsita,* l'on se trouve dans l'un des cas où exceptionnellement le concubinat avec une ingénue n'est point un *stuprum;* Ruffina n'est donc pas indigne.

Il serait trop long d'examiner les commentaires de Perrenon (1), de Pancirol (2), de Langebek (3) et de tant d'autres, nous nous hâtons d'arriver à l'opinion la plus satisfaisante, celle de Merillius, qui ne fait subir aucun changement au texte, qui le prend et l'explique tel qu'il est et d'une manière logique. Il remarque qu'au commencement du paragraphe, Papinion a décidé que la concubine pouvait recevoir *ex testamento* de son concubin ; or, la suite ne fait que donner la même décision pour la fille de la concubine. Ruffina a été la concubine de Cassianus le testateur ; cette femme avait, avant cette union, une fille que le même Cassianus a élevée et nourrie, ce qui explique la qualification d'*alumna* qu'il lui donne en l'instituant son héritière en concours avec sa propre nièce. Ruffina aussi eût pu être instituée, car, malgré son ingénuité, son union avec le défunt n'a-

(1) Animadv., lib. II, cap. 23. — (2) Lect. II, 102.
(3) Annotat., cap 30.

vait point été un *stuprum*, à cause de la naissance de sa fille *vulgo concepta*. La fille ne doit pas être plus indigne que la mère ; son indignité ne se concevrait même qu'en raison de l'indignité de celle-là, pour éviter que la mère ne profite indirectement des libéralités testamentaires faites à la fille. Vissenbach (1), suit l'opinion de Merillius. — Cette explication ne fait pas disparaître les difficultés grammaticales du texte; mais encore une fois elle ne l'altère pas, et nous paraît la plus raisonnable.

L'une des peines du *stuprum* est l'indignité de ceux qui s'y sont livrés ; l'union des soldats avec les femmes vivant dans les camps, et qu'on nommait *focariæ*, était, sous ce rapport, assimilée au *stuprum* lui-même. La *focaria* était pour les militaires une sorte de concubine, mais d'un degré inférieur, une espèce de servante, dont la moralité plus que douteuse justifiait les sévérités de la loi. Non-seulement ces femmes étaient indignes de conserver le bénéfice des institutions ou des legs que les soldats leur avaient faits (2), mais encore elles étaient incapables de recevoir des donations entre vifs (3) : *Militites meos à focariis suis hac ratione fictisque adulationibus spoliari nolo*, dit l'empereur Antonin. Pourquoi une incapacité pour les donations entre vifs et une indignité pous les libéralités testamentaires ? Cette différence entre les deux cas avait été probablement introduite dans l'intérêt des soldats : les *focariæ* étaient incapables de recevoir entre vifs, afin

(1) In disp. ad h. t. Gaud., § 12.
(2) L. 14, de his quæ ut ind. D. — L. 41, de test. milit.
(3) L. 2, de donat. int. vir. et uxor. C.

que les soldats, de leur vivant, ne fussent pas exposés à perdre leur patrimoine, but qui ne serait pas atteint si ces femmes, au lieu d'être incapables, avaient été indignes, puisqu'alors la donation eût profité au fisc; mais, après la mort du testateur, il n'y a plus à s'occuper de l'intérêt de sa fortune; l'indignité découlant de la condition ignominieuse de la femme n'offre pas d'inconvénient.

§ 9.

Fidéicommis tacite.

Le fidéicommis tacite constituait une cause d'indignité remarquable.

La législation caducaire, nous l'avons déjà dit, avait créé, dans le but de favoriser les mariages et d'augmenter la population légitime, des causes nombreuses d'incapacité de recevoir par testament. Les célibataires (*cælibes*) étaient incapables pour le tout; les personnes sans enfants (*orbi*), pour moitié; l'époux ne pouvait recevoir de son conjoint qu'une certaine portion de biens variable en raison du nombre des enfants issus du mariage; cette portion était de un ou plusieurs dixièmes; lorsque les époux pouvaient se donner la totalité de leur patrimoine, ils avaient ce qu'on appelait *solidi capacitas.*

Les citoyens durent faire tous leurs efforts pour échapper à des incapacités si gênantes; un moyen naturel se présentait à eux, le fidéicommis; ils en usèrent largement; permettre aux testateurs d'instituer pour héritière une personne capable, ou de lui faire un legs, en la chargeant de restituer soit l'hérédité, soit l'objet légué à des incapables, ç'eût été anéantir l'efficacité des lois caducaires; la fraude, en effet, était si facile, que la prohibition devenait illusoire. Les commentateurs des lois Julia et Papia Poppæa, qui se sont efforcés de restituer cette législation d'après les textes épars dans le Digeste, Godefroy, entre autres, et Heineccius, ont cru que la fraude possible au moyen du fidéicommis avait été prévue par ces lois, qui avaient ainsi placé le remède à côté du mal; aussi le dernier des interprètes que nous venons de citer suppose-t-il qu'un chapitre des lois Papiennes était conçu en ces termes :

« Si quis heres legatariusve in fraudem h. L. a « testatore tacite rogatus sit ei restituere qui per h. « l. capere prohibetur, isque sciens dolo malo taci- « tam fidem testatoris accommodaverit, hereditate « legatove sibi relicto privator, eaque populo vindi- « cantor (1). »

Mais la découverte des commentaires de Gaius nous met à même de rectifier cette erreur historique; il résulte en effet des nos 285 et 286, Com. II, que les *cælibes* ou *orbi* pouvaient recevoir des fidéicommis, et que ce n'est que plus tard que les fidéicommis furent défendus au profit de ces incapables, comme les legs eux-mêmes. Le jurisconsulte rapporte cette défense au sénatus-consulte Pégasien. Rien ne contredit d'ailleurs cette assertion de Gaius. Les prudents s'occupent sans doute des fidéicommis tacites dans leurs commentaires sur les lois Julia et Pappia Poppæa, mais cela prouve seulement l'intime connexité existant entre la loi d'incapacité et le moyen de l'éluder interdit plus tard.

(1) Heinecc. ad L. P. Poppæ., cap. IX.

Quoi qu'il en soit de l'époque à laquelle remonte la peine prononcée contre le fidéicommis tacite, on peut le définir un fidéicommis laissé secrètement à un incapable en fraude des lois caducaires ; secrètement, c'est-à-dire au moyen de l'interposition d'une promesse tacite par laquelle le fiduciaire s'engage à restituer à une personne qui ne peut pas recevoir *ex testamento* (1).

Deux conditions devaient donc être remplies pour que le fidéicommis fût considéré comme tacite : 1° Il fallait que la charge de restituer eût été imposée tacitement, en secret, au fiduciaire. La loi 3 *de jure fisci* s'explique clairement sur ce point ; Callistrate y déclare que la charge de restitution tacite n'existe qu'autant qu'elle n'a pas lieu dans le testament ou dans un codicille ; pour revêtir le caractère de fidéicommis tacite, elle doit se présenter sous forme de reconnaissance écrite ou de promesse verbale ; les termes de la loi méritent d'être cités : « .... Et fere « eo jam decursum, ut fraus legi fieri videatur, quo« tiens quis neque testamento, neque codicillis roga« retur : sed domestica cautione et chirographo obli« garet se ad præstandum ei qui capere non potest. » Quand même le testament ne contiendrait que cette phrase vague, *vos rogo ut in eo quod a vobis petii fidem præstetis : perque Deum ut faciatis rogo,* sans s'exprimer sur la personne à qui la restitution doit être faite, ni sur la nature de la chose à restituer, il ne faudrait pas voir là un fidéicommis tacite. 2° Il ne suffisait pas de la charge de restituer faite tacite-

(1) L. 10, D. de his quæ ut ind. — L. 103, D. de leg. 1°. — Ulp. frag., t. 25, § 17. — L. 3, D. de jure fisci.

ment; il fallait en outre qu'il s'y ajoutât, de la part du fiduciaire, une promesse frauduleuse de restitution. Comment punir, en effet, celui auquel le testateur a imposé une condition illégale, s'il n'a pas été complice de la fraude en promettant sciemment et volontairement d'obéir? Le fiduciaire devait donc être un héritier externe auquel on pouvait dire : Pourquoi avez-vous promis de restituer? Vous aviez la liberté de ne pas promettre. Or, ce reproche ne peut pas être fait à un héritier nécessaire : il a dû obéir au père de famille, parce que la puissance paternelle ou dominicale font au fils ou à l'esclave un devoir de l'obéissance, *necessitatem parendi habuerunt* (1).

Le fidéicommis tacite peut être mis soit à la charge de l'héritier institué, soit à celle d'un légataire; dans l'un et l'autre cas il produit le même effet : le fisc s'empare des choses comprises dans le fidéicommis, sans que la quarte Falcidie puisse être réclamée par le fiduciaire (2).

Le fidéicommis patent, c'est-à-dire fait ouvertement, sans intention de le dissimuler, n'était point traité comme le fiéicommis tacite; fait à un incapable, il était considéré *pro non scripto*, et les objets qu'il comprenait, au lieu d'être attribués au fisc, restaient à l'héritier ou au légataire grevé. Cette différence s'explique en disant que la promesse occulte de restitution faite vainement au profit d'un incapable indique la complicité de celui qui promet; il a voulu

(1) L. 10, de his quæ ut ind. in fin. D. — L. 15, ad leg. Falcid. D.

(2) L. 59, § 1, D. ad leg. Falcid.

évidemment aider le disposant à éluder les lois. Au contraire cette intention frauduleuse ne peut pas se supposer en présence d'un fidéicommis fait ouvertement. Nous trouvons quelque chose d'analogue dans la législation sur les noces ; le mariage secret entre deux personnes parentes ou alliées, au degré prohibé, est puni d'une peine plus sévère que le même mariage conclu publiquement et sans déguisement. Ajoutons d'autre part que la fraude doit être réprimée avec plus ou moins de vigueur, suivant qu'elle a plus ou moins de chances de réussite. Or, si le fidéicommis tacite est un moyen de frauder les lois sur la capacité, le fidéicommis patent, à vrai dire, n'en est pas un, puisque la tentative de fraude est à découvert.

Le fidéicommis tacite accompli rend seul le fiduciaire indigne, et non point le simple projet d'un pareil fidéicommis. Si donc nous imaginons que, dans l'intervalle de la confection du testament au jour de la mort du testateur, le fidéicommissaire est devenu capable d'acquérir *ex testamento*, la peine de l'indignité ne sera point appliquée (1). La fraude, en effet, ne se réalise qu'au décès du testateur ; auparavant il n'y a qu'une tentative qui avorte dans l'espèce. Le fisc n'avait donc alors rien à prétendre ; ni, au reste, l'incapable devenu capable, car il se trouvait en face de la règle catonienne, qui appréciait la validité des dispositions testamentaires comme si le défunt fût mort au moment où il achevait son testament ; et à cet instant le fidéicommissaire n'avait pas

(1) L. 10, § 1. D. de his quæ ut ind. — L. 25, § 1, eod. tit.

la capacité de recevoir. C'est donc l'héritier ou le légataire chargé de la restitution qui profitait alors du fidéicommis. — Même décision à donner lorsque le fidéicommissaire mourait avant le testateur (1), car, dans ce cas, le fidéicommis tacite ne produit point son effet, la fraude n'est point réalisée; d'où l'exclusion du fisc.

Enfin la loi 10, § 1, au même titre, prévoit aussi une autre hypothèse où le fidéicommis restait encore au grevé, c'était lorsqu'il avait été fait au profit d'un individu capable, mais dont la capacité avait cessé au jour de la mort du testateur, car aucune fraude n'était intervenue ; mais une restriction importante est contenue dans le texte : « Nisi si in futurum casum fidem accommodavit, id est ut licet capere legibus prohiberi cœperit restituat. » Dans la loi 3 de jure fisci, le jurisconsulte Callistrate paraît exiger que l'on considère toujours l'événement sans tenir compte de l'intention de fraude, en sorte qu'il y aurait antinomie entre ce texte et la loi 10. Mais Cujas remarque, avec beaucoup de raison, qu'il faut l'entendre comme supposant le dessein de fraude ; car toute peine suppose une culpabilité.

(1) L. 25, § 1, de his quæ ut ind. D.

CHAPITRE III.

Causes d'indignité résultant de la négligence de la personne déclarée indigne.

§ 1.

De la nécessité de poursuivre en justice le meurtre du défunt.

Nous savons déjà que la simple négligence qui avait occasionné la mort du défunt rendait indignes les héritiers ou légataires (1). Nous ne reviendrons pas sur ce point.

Mais nous devons insister sur une cause d'indignité qui tient une place considérable dans la législation romaine : était indigne comme le meurtrier lui-même, celui qui ne vengeait pas le meurtre du défunt. Il s'agissait ici, bien entendu, d'une vengeance légale, poursuivie devant la justice; venger le meurtre, ce n'était point user de représailles à l'égard du coupable, en le punissant de ses propres mains, c'était se porter accusateur du meurtrier, c'était solliciter contre lui l'application de la peine qu'il avait méritée (2). Outre les mots *vindicta* et *accusatio* pour désigner ce devoir de la vengeance, les textes se servent souvent encore de l'expression *defendere mortem defuncti* (3).

(1) L. 3. D. de his quæ ut ind.

(2) L. 6. C. de his quib. ut ind. — L. 18, § 7, D. de jure fisci. — L. 7. C. de obseq.

(3) L. 20, 21. D. de his quæ ut ind. — L. 21, § 1, D. de Sc^to^ Silan. — L. 35, § 5, D. ad Sc^tum^ Trebel.

Cette obligation imposée à l'héritier avait sa source dans les liens étroits qui l'unissaient au *de cujus*. La reconnaissance l'obligeait à ne pas laisser vivre en paix le meurtrier de celui qui lui avait transmis tout ou partie de sa fortune. Son insouciance à cet égard était une marque d'ingratitude non équivoque méritant d'être punie, et elle l'était par la privation de la succession. Des passages des jurisconsultes indiquent bien que tel était le fondement de cette cause d'indignité : « debitum officium pietatis omiserunt, » dit la const. 1 au Code eod. tit., en parlant de ces héritiers négligents ; un autre fragment ajoute que « honestati heredis convenit qualemcunque mortem testatoris inultam non prætermittere (1). »

Indépendamment de cette raison de haute moralité, peut-être y avait-il encore un autre motif que tous les commentateurs n'ont pas aperçu. Le ministère public, tout le monde le sait, est une institution toute moderne, ignorée absolument des Romains ; chez eux, point de magistrature spéciale, chargée, au nom de la société, de poursuivre la répression des délits. Le droit d'accusation accordé à chaque citoyen était la seule garantie de l'ordre public ; mais l'exercice de ce droit était souvent paralysé par la crainte qu'inspiraient des coupables riches ou puissants ; aussi la société romaine avait-elle trouvé une grande sécurité dans cette nécessité que la loi faisait à l'héritier de poursuivre le plus grand des crimes, sous peine de perdre la succession de la

(1) Paul. Sent. Lib. III, t. 5, § 2.

victime. L'intérêt public était ainsi sauvegardé dans une certaine limite par l'intérêt personnel, et l'indifférence vigoureusement stimulée par la crainte d'encourir l'indignité. Dans notre droit, où l'accusation est remise aux mains d'un magistrat spécial, cette seconde raison n'a plus de valeur, mais comme la raison tirée de la morale subsiste toujours et est de toutes les époques, il n'est pas étonnant que le législateur français en ait tenu compte, et déclaré indigne l'héritier majeur qui, instruit du meurtre du défunt, ne l'a pas dénoncé à la justice (1).

Le devoir de la vengeance dérive sans contredit, en droit romain, du senatus-consulte silanien; mais la date du senatus-consulte lui-même peut être controversée. On trouve, en effet, plusieurs Silanus qui furent consuls de Rome; un Junius Silanus occupe le consulat, avec Auguste pour collègue, en l'an 728; huit années plus tard (an 736), un autre Silanus est une première fois consul avec T. Furnius, et une seconde, en 762, avec Cornelius Dolabella (2). Enfin, nous voyons dans les historiens encore deux consuls du nom de Silanus, contemporains l'un et l'autre de l'empereur Commode, et ayant vécu par conséquent à une époque plus récente. Le Silanien a-t-il été l'œuvre de ces derniers, ou doit-on le faire remonter au temps d'Auguste ? Une remarque consignée dans Cujas permet de vider cette question historique : La loi 13 (de Sc[to] Silan.) nous apprend que le délai d'application du senatus-consulte silanien fût restreint à cinq années, à partir du décès

(1) Art. 727, C. Nap.

(2) Cassiod. de consul. in Imp. Aug. 2, l. 15.

du défunt, sous le consulat de Taurus et de Lepidus; or, d'après Cassiodore, ces deux consuls avaient succédé à Silanus et Dolabella; il s'ensuit donc que le senatus-consulte existait avant le règne de Commode, et que son origine date des commencements de l'ère impériale. Cette opinion se fortifie encore en considérant que Labéon, disciple de Trebatius, qui écrivit sous Auguste, a déterminé ce qu'il fallait entendre par victimes d'un meurtre, et que cette détermination a trait sans doute à l'application du senatus-consulte. Enfin, on peut invoquer comme preuve nouvelle la disposition de la loi 8 de Sc^to Silan. (1).

Il ne faut pas croire au reste que la législation sur la vengeance du meurtrier fut créée tout d'un coup, et renfermée dans un monument unique. D'autres sénatus-consultes, l'édit du préteur et l'usage, étendirent et modifièrent les règles primitivement établies (2).

Le sénatus-consulte Silanien n'était même relatif qu'à la vengeance que l'héritier devait tirer des esclaves du défunt qui l'avaient assassiné ou qui l'avaient laissé assassiner sans lui porter secours; on peut conjecturer que la même obligation vis-à-vis les coupables, personnes libres, s'introduisit seulement par l'usage, et par imitation de ce qui avait lieu à l'égard des esclaves.

La loi 21 D. de his quæ ut ind. impose la néces-

(1) Guid. Pancirol. ad leg. 8, eod tit.

(2) L. 3, § 18. D. de Sc^to Silan. — L. 13, eod. tit. — L. 8, eod. tit. — L. 25, eod. tit. — L. 11, 12. C. de his quib. ut ind.

sité de poursuivre le meurtrier à tous les héritiers, soit testamentaires, soit légitimes, et à tous les successeurs *qui loco heredis sunt;* par ceux *qui loco heredis sunt,* le jurisconsulte entend les *bonorum possessores,* dont le préteur n'a pu faire de véritables héritiers, mais qu'il considère comme tels; il faut aussi comprendre sous cette expression le soldat qui succéderait à un soldat, en vertu d'une institution contractuelle (1). Cependant, lorsque le fisc s'emparait d'une succession par suite de l'indignité ou de l'absence d'héritiers, il ne devait pas être tenu de venger le meurtre sous peine d'être exclu; autrement à qui les biens enlevés au fisc seraient-ils dévolus? D'ailleurs le lien de la reconnaissance n'existe point entre le fisc qui succède et le défunt, comme il existe entre le défunt et ses successibles ordinaires.

Des personnes, incapables en règle générale d'intenter une accusation, avaient en cette matière une capacité exceptionnelle. « Si tamen omnes, si suam injuriam exequantur, *mortemve propinquorum defendant,* ab accusatione non excluduntur (2). » C'est ainsi que les esclaves comme les hommes libres, les femmes comme les mâles, pouvaient se porter accusateurs du meurtrier et en demander la punition (3).

La minorité de vingt-cinq ans était une excuse suffisante de l'omission de la vengeance (4). Nous verrons que le code Napoléon ne frappe également

(1) L. 19. C. de pact.

(2) L. 11. D. de accusat.

(3) L. 21, § 1, D. de Sc^to^ Silan.

(4) L. 1. C. in quib. cons. restit. — L. 5. C. de his quib. ut ind.

d'indignité que l'héritier majeur qui n'a pas dénoncé le meurtre.

Les légataires sont-ils obligés à la vengeance comme les héritiers? La négative est implicitement décidée par la loi 21, qui ne parle que des héritiers ou de ceux qui en jouent le rôle. L'héritier est le représentant du défunt, le continuateur de sa personne juridique ; cette qualité explique son obligation ; le légataire, au contraire, n'est qu'un simple acquéreur de biens dont la relation avec la victime est beaucoup moins étroite. Puis à quoi bon imposer la vengeance comme un devoir aux légataires, puisqu'elle est déjà garantie par la présence de l'héritier ?

C'est d'abord contre les esclaves du défunt que l'héritier doit sévir; il doit les mettre à la question, et les faire punir du dernier supplice s'ils sont reconnus coupables. Les personnes libres étaient également l'objet des poursuites, sous peine d'indignité, comme nous le disions tout à l'heure, lorsque le crime leur était imputable. Paul parle, en effet, de la punition des affranchis du testateur (1), et Ulpien décide que si la mort a été la suite de l'incurie ou du dol du médecin, la punition de ce médecin doit être réclamée par l'héritier (2). Or, dès l'époque d'Auguste, la médecine était exercée par des personnes libres, jouissant même de certaines immunités.

Il importait peu de quelle manière la mort avait

(1) L. 7. D. de Sc^to^ Silan. L. 10, § eod. tit.
(2) L. 5, § 3. D. eod. tit.

été donnée (1). La loi 1, § 8, eod. tit., semble néanmoins soustraire à l'application du sénatus-consulte le crime d'empoisonnement; mais c'est là une décision spéciale relative à la punition des esclaves qui ne doivent pas être punis, lorsque leur maître a été empoisonné, sous prétexte qu'ils ne lui ont pas porté secours; décision fort équitable à cause de la clandestinité du crime dont il s'agit. Mais aucun texte n'exempte de faire punir l'empoisonneur lui-même.

L'accusation contre le meurtrier doit être soutenue sans négligence; cependant il n'est pas nécessaire que l'héritier épuise tous les dégrés de juridiction; si son action a été rejetée en première instance, la présomption de l'innocence de l'accusé résultant du jugement, justifie suffisamment la cessation des poursuites (2). Mais, si au lieu d'un acquittement, l'on suppose une condamnation dont l'accusé interjette appel, la présomption étant en sens inverse de la précédente, l'héritier doit soutenir le procès jusqu'au bout, s'il ne veut pas être déclaré indigne (3). C'est la différence des hypothèses des lois 6 et 21 qui fait disparaître leur antimonie.

A côté de ces règles générales, s'en trouvaient de spéciales à la vengeance, que l'héritier devait tirer des esclaves du défunt.

Le nombre prodigieux et toujours croissant des esclaves, la crainte qu'ils inspiraient, surtout depuis la guerre servile où ils avaient failli entraîner la

(1) L. 10. D. eod. tit.

(2) L. 21, § 2, de Sc^to^ Silan.

(3) L. 6. C de his quib. ut ind.

perte de la République, en faisaient l'effroi perpétuel des citoyens. Aussi, voit-on les lois prendre contre eux les mesures les plus rigoureuses. Le senatus-consulte silanien n'est pas l'un des monuments les moins curieux de cette rigueur exorbitante par laquelle les Romains comptaient concilier les avantages et les dangers que leur offrait l'esclavage. Rendre les esclaves responsables de la mort de leur maître, si, pouvant le faire, ils ne lui avaient pas porté secours, c'était sans doute une garantie merveilleuse de sécurité pour les *patres familias*. Mais si la politique romaine trouvait dans cette barbarie la satisfaction de ses intérêts, les droits de l'humanité et de la justice étaient sacrifiés. Aussi la plupart des publicistes, et Grotius surtout (1), blâment-ils la sévérité exagérée de cette législation.

Quelque mérités que soient ces reproches, il ne faut pas pourtant faire la responsabilité des esclaves plus odieuse qu'elle n'était en effet. La mise à la question ordonnée par le senatus-consulte n'avait pas lieu immédiatement, et dès que le meurtre du maître était accompli, on procédait d'abord à des recherches sur le genre de mort et sur les circonstances du crime, car le mot *quæstio* comprend à la fois cette sorte d'enquête préliminaire et la question proprement dite ou torture (2). Un rescript d'Adrien à Junius Sabinus décide même que les esclaves ne seront mis à la question qu'autant que le coupable sera déjà soupçonné, et qu'il ne manquera à la

(1) De jure pacis et belli, cap. 11, § 9, n° 4.

(2) L. 21, § 25. D. de S^{to} Silan.

preuve de son crime que l'aveu des esclaves (1). Enfin, tout en exigeant beaucoup, les Romains ne demandaient pas l'impossible. Les esclaves seuls qui se trouvaient dans le lieu où le meurtre s'était perpétré étaient punis; les absents échappaient à toute punition (2). De même les esclaves impubères (3), ou chargés d'années (4), incapables de secourir utilement leur maître, et de supporter d'ailleurs les douleurs de la torture, devaient être excusés, comme l'étaient encore les sourds, les muets, les aveugles et les furieux (5).

L'héritier ne pouvait pas ouvrir le testament ni faire adition d'hérédité avant d'avoir mis les esclaves à la question; s'il agissait autrement, il perdait le bénéfice de la succession. C'est là encore une règle particulière à la vengeance dont l'héritier était tenu à l'encontre des esclaves, et qui trouve une explication bien simple dans les effets produits par l'adition sur les affranchissements; la liberté acquise eût été un obstacle à la mise à la question; de là le retard apporté à l'ouverture des tables (6). Mais, lorsque le meurtrier était un homme libre, et que les esclaves n'avaient rien pu pour empêcher le meurtre, le testament était ouvert et l'adition faite immédiatement sans le moindre inconvénient.

S'il s'était écoulé cinq ans depuis que l'héritier

(1) L. 1, § 1. D, de quæst.
(2) L. 1, § 27, de SC[to] Silan. D.
(3) L. 3, § 32, eod tit.
(4) L. 3, § 7, eod tit.
(5) L. 3, § 8, 9, 10, 11, eod tit.
(6) Cuj. ad h. tit. 20, Resp. Papin.

avait contrevenu à ces dispositions, il était à l'abri de toute atteinte, et l'indignité ne pouvait plus être prononcée contre lui. Mais cette sorte de prescription ne pouvait pas être invoquée par l'héritier sien, dont la négligence était plus condamnable (1).

§ 2.

Excuse de la tutelle testamentaire.

La loi 25 C. de leg. déclarait indigne celui qui avait été nommé tuteur par testament, auquel le testateur avait fait des legs en considération de la tutelle, lorsqu'il refusait cette charge. Ces legs étaient censés faits dans le but de rémunérer un service qu'il ne rendait pas; or, le service n'étant point rendu, la récompense ne devait pas être payée (2).

Le tuteur testamentaire, sans s'excuser, a pu se refuser à administrer, prétendant que ses cotuteurs suffiraient à l'administration du patrimoine du pupille; on pourrait douter si ce refus rendrait le tuteur indigne; car, en ne s'excusant pas, il reste toujours responsable des suites de la tutelle. Mais Paul ne s'arrête pas à cette considération, et décide que l'abandon des intérêts du pupille doit être puni comme l'abandon de la tutelle elle-même (3).

Néanmoins les Romains n'exagéraient pas les conséquences de l'excuse de la tutelle testamentaire au point de prononcer l'indignité, lorsque le père de fa-

(1) L. 13. D. ad SC^tum Silan.

(2) L. 28, § 1, D. de excusat. — L. 5, § 2, D. de his quæ ut ind.

(3) L. 38, D. de excusat.

mille avait déclaré expressément qu'il voulait que le tuteur profitât des libéralités, même en s'excusant (1). De même, si le tuteur qui s'excusait avait une qualité autre que celle du tuteur, expliquant la libéralité dont il était l'objet, il n'encourait pas l'exclusion pour s'être excusé ; par exemple, un père ayant deux enfants, dont l'un était impubère, les instituait l'un et l'autre en confiant la tutelle du plus jeune à l'aîné ; celui-ci s'excusait impunément, parce que sa qualité de fils du testateur suffisait au maintien de son institution.

D'après le droit civil, le père de famille seul a le droit de nommer un tuteur testamentaire à ses enfants. Cependant, si la mère ou même un étranger avaient désigné des tuteurs pour des enfants qui sont hors de leur puissance, cette désignation était valable sous la condition d'être confirmée par le préteur. Si ces tuteurs, ainsi nommés, venaient à s'excuser, perdaient-ils les legs que le testateur leur avait laissés ? La loi 32 de excusat. D. donne une solution affirmative ; car le magistrat, en validant par sa confirmation la nomination de ces tuteurs, n'a fait que se conformer à l'intention du défunt, en sorte que c'est véritablement de ce défunt lui-même qu'ils tiennent leurs fonctions. L'excuse partielle était mise sur la même ligne que l'excuse totale ; si donc le tuteur s'excusait de l'administration des biens du pupille situés dans les provinces, tout en conservant la gestion de ceux d'Italie, il n'avait droit à aucune fraction des dispositions en sa faveur. Cette rigueur

(1) L. 33, eod. tit.

avait été sans doute inspirée par l'intérêt que méritent les pupilles (1).

Remarquons :

1° Que le testateur, qui avait accepté un legs, n'était plus admis à s'excuser ; en acceptant une libéralité qui lui était faite en vue d'obtenir de lui un service, l'administration de la tutelle, il était censé avoir approuvé tacitement cet arrangement (2), et il s'obligeait à l'exécuter.

2° Qu'encore qu'il perdit le legs, il ne perdait pas néanmoins la substitution pupillaire, parce que la charge de tuteur devant finir par la mort du pupille, on ne pouvait pas penser que la substitution eût été faite en considération de la tutelle. Cette raison nous parait bien subtile, mais elle nous est donnée par la loi 36 D. de excusat.

Nous devons rapprocher de l'exclusion du tuteur qui s'excusait, celle du légataire ou de l'héritier que le testateur avait chargé de l'éducation du pupille, lorsqu'il refusait cet emploi : « Certe non maledicetur si legatarius vel heres educationem recuset testamento sibi injunctam, denegari ei actiones debere exemplo tutoris testamento dati (3). » Mais cela ne devait avoir lieu, comme l'explique la fin du texte, que quand le legs avait été fait en considération de la charge de l'éducation, et non pas lorsque, indépendamment de cette charge, on pouvait présumer que le testateur aurait fait la libéralité.

(1) L. 111, D. de leg. 1°.
(2) L. 5, § 2, D. de his quæ ut ind.
(3) L. 5, § 5, D. ubi pupillus educ. deb.

§ 3.

De quelques cas d'indignité introduits par les Novelles.

I. Justinien, dans la nov. 1, ch. 1, § 1, ordonne aux héritiers d'exécuter les charges que le testateur leur a imposées dans l'année qui suit l'interpellation qui leur est adressée par le juge, s'ils ne veulent être privés de l'hérédité, sauf la légitime qu'ils ont le droit de retenir. Mais la novelle ne statue, bien entendu, que dans l'hypothèse où le défunt n'avait pas attaché la charge à sa libéralité sous forme de condition ; s'il en était ainsi, le seul défaut d'accomplissement de la volonté dans le temps prescrit eût fait encourir la privation sans attendre le délai d'une année.

D'un autre côté, il fallait, pour que l'indignité fût appliquée, que la volonté dont il s'agissait ne fût contraire ni aux bonnes mœurs ni aux dispositions des lois (1). La loi 27 D. de cond. inst. nous offre un exemple où l'héritier désobéissant avait plutôt mérité un éloge qu'une punition ; c'est dans le cas où le testateur avait eu l'idée d'ordonner de ne point ensevelir son corps et de le jeter à la mer.

II. Étaient également indignes ceux qui, étant appelés à une succession soit en vertu d'un testament, soit *ab intestat*, avaient négligé de donner au *de cujus* les soins que réclamait son état de folie. Cette négligence coupable était à la fois une cause d'indignité et une des causes légales d'exhérédation (2).

(1) Nov., chap. 1, § 1.
(2) Nov., 115, cap. 3, § 12.

III. Nous dirons la même chose des héritiers qui ont laissé le défunt languir en captivité, sans faire tous leurs efforts pour l'en tirer. C'est encore ce que décidait la nov. 115. cap. 3, § 13.

CHAPITRE IV.

Causes d'indignité résultant de la volonté du testateur.

S'il plait au testateur de déclarer lui-même indigne, *verbis vel facto*, la personne qu'il avait gratifiée, ou à laquelle son hérédité était destinée, d'après l'ordre légal des successions, la loi prend en considération ce changement de volonté, et l'exclusion est encourue. Il faut éviter une erreur dans laquelle on pourrait tomber facilement, et se garder de confondre les hypothèses de ce genre avec les révocations proprement dites; entre celles-ci et les cas d'indignité, il y a, nous le répétons, cette différence sensible que l'acquisition se réalise dans la personne de l'indigne, quoiqu'elle ne lui profite pas, tandis qu'au contraire la révocation, engendrant l'incapacité, met obstacle à la transmission héréditaire.

§ 1.

Indignité des héritiers institués dans un premier testament, si le défunt en a fait un second au profit de personnes incapables.

Cette cause d'indignité suppose donc deux testaments : dans l'un ont été institués des héritiers capables, et dans l'autre, le plus récent, des héritiers incapables. L'institution de ces derniers n'a pas pour effet de rompre le premier testament, car la rupture ne peut être que la conséquence d'une institution valable, ce qui n'a pas lieu dans l'espèce. Papinien le dit en termes exprès : « Neque superius testamentum ruptum esset ; » en conformité, du reste, avec le principe établi dans le § 2 des Inst., quib. mod. testam. infirm., et dans la loi 2 D. de injust., rupt. testam. L'hérédité était donc acquise par les institués primitifs ; mais elle leur était enlevée pour être déférée au fisc, à cause de leur indignité provenant de ce qu'ils n'avaient pas pour eux la dernière volonté du défunt : « Heredibus tamen ut indignis, *qui non habuerunt supremam voluntatem*, abstulit jam pridem senatus hereditatem (1). » En instituant des personnes incapables, le défunt a montré d'une manière non équivoque qu'il ne jugeait plus les autres dignes de ses libéralités.

Quoique la loi 12 dise en termes clairs et formels, que l'indignité dérive de l'absence de la *suprema voluntas defuncti,* en faveur des institués dans le premier testament, Cujas a néanmoins pensé que ce ne pouvait pas être là la raison décisive, et qu'il fallait imaginer dans le décret du sénat, qui avait ôté l'hérédité, des circonstances particulières, indiquant que c'était en haine des premiers institués, que l'institution postérieure des incapables avait été faite par le testateur (2). Cette interprétation se fonde sur plusieurs lois, dont nous devons examiner les dispositions, afin de voir si elles contrarient véritablement celle de la loi 12.

Cujas cite d'abord la loi 30, § 3, D. de testam.

(1) L. 12, D. de his quæ ut ind.

(2) Cuj. Quæst. Pap., lib. 16. — L. 12, de his quæ ut ind.

milit., d'où il résulte que si un vétéran déclarait en mourant qu'il ne voulait pas qu'un précédent testament qu'il avait fait *jure communi* fût valable, afin de mourir *ab intestat*, les institutions et substitutions n'en subsistaient pas moins, les légataires seuls pouvant être repoussés par l'exception de dol lorsqu'ils réclamaient leur legs. Les institués ou substitués n'étaient donc pas indignes, quoiqu'ils n'eussent pas pour eux la volonté dernière du défunt.

Mais cette contrariété entre les deux textes ne résiste pas à un examen attentif. La loi 36 parle en effet d'une simple déclaration par laquelle le militaire aurait manifesté l'intention de revenir sur ses dispositions antérieures, et cette déclaration est regardée comme impuissante, non-seulement pour rompre le testament (1), mais encore pour faire exclure les héritiers comme indignes. La loi 13 prévoit au contraire un changement de volonté exprimé sous la forme légale du testament accompli avec toutes les formalités exigées pour sa validité intrinsèque ; ce qui est bien différent.

Les arguments, tirés du titre des Institutes, quib. mod. test. infirm., se réfutent de la même manière. Lorsque le testateur déclarait simplement qu'il ne voulait pas que son testament valût, lorsqu'il se repentait de sa première disposition, ou lorsqu'il avait commencé un autre testament qu'il n'avait pu achever, il n'en résultait point une volonté telle que celle qui était constatée par un testament parfait, et qui ne manquait que parce que les héritiers institués étaient incapables.

(1) Inst., § 7, quib. mod. test. infir.

Nous n'adopterons donc pas l'opinion de Cujas, qui, comme le dit Furgole, est en quelque sorte une dépravation du texte de la loi 12 ; et nous déciderons que ce qui constitue l'unique fondement sur lequel est basée l'indignité, est ce motif que les institués n'ont plus en leur faveur la dernière volonté du défunt, en ajoutant toutefois que ce changement de volonté doit être constaté par un acte revêtu des formalités que le droit exige, c'est-à-dire par un testament. C'est ce que prouve la discussion à laquelle nous venons de nous livrer.

On peut donc établir les trois règles suivantes :

1° Un testament *jure factum*, et contenant une institution valable, rompt un testament antérieur (1).

2° Si l'institution, au lieu d'être valable est nulle, pour défaut de capacité des nouveaux institués, le premier testament subsiste, mais les héritiers sont exclus à cause de leur indignité (2).

3° Enfin le changement de volonté, qui n'est pas exprimé sous la forme testamentaire, est inefficace, et quant à la rupture du testament unique, et quant à l'exclusion comme indignes des héritiers primitifs, à moins pourtant qu'on ne rentre dans l'une des causes d'indignité qui suivent.

§ 2.

Indignité de l'héritier dont le testateur a effacé le nom.

Lorsque le nom de l'héritier ou d'un des héritiers avait été rayé ou effacé d'une manière quelconque,

(1) Inst., § 2, quib. mod. test. infir.
(2) L. 12, D. de his quæ ut ind.

et à dessein, par le testateur, les lois romaines voyaient là une cause d'exclusion, qui se motivait encore par cette considération que les héritiers avaient cessé d'avoir pour eux la volonté du défunt, *non retinuerant voluntatem* (1). Une déclaration en sens contraire de l'institution n'a pas pour effet de rendre l'institué indigne ; s'il en est autrement de l'effacement du nom, c'est que « plus est facere quam dicere et voluntate factum est evidentius (2). »

Ce cas d'indignité doit son origine à un rescript de Marc Aurèle. Son existence pourrait sembler contestable en présence des lois 4 D. de his quæ in test. delent., et 1, § 8, D. si tab. null. test. exstab. qui appellent les successeurs légitimes à l'hérédité, et ne font nullement mention du fisc. Mais la conciliation proposée par Cujas fait évanouir la difficulté. Le testateur a-t-il détruit son testament tout entier, il a indiqué clairement qu'il entendait mourir ab intestat, c'est alors que la succession légitime fait place à la succession testamentaire. N'a-t-il, au contraire, effacé que le nom des héritiers ou de l'un d'eux, en laissant subsister le reste de ses dispositions, nous rentrons dans l'hypothèse où le rescript est applicable, et l'exclusion profite au fisc.

C'est au moyen de cette distinction qu'on explique aussi comment le legs ou fidéicommis sont tantôt maintenus et tantôt révoqués.

Quant aux lois 2, § 7, D, de bon. poss. secund. tab. et 8. § 3, qui refusent à l'héritier dont le nom

(1) L. 16, § 2. D. de his quæ ut ind. — L. 12, eod. tit. — L. 2 et 3. D. de his quæ in test. del.

(2) Cuj. Quæst. Pap., lib. 16, ad Leg. 12, de his quæ ut ind.

a été effacé le droit de demander la *bonorum possessio secundum tabulas*, elles ne prouvent évidemment rien contre la solution que nous avons adoptée.

§ 3.

Changement de volonté indiqué *cum elogio.*

Il est hors de doute que l'hérédité déférée par un testament ne peut pas être enlevée à l'institué par un codicille. Néanmoins, si le testateur manifestait, dans un acte de ce genre, l'intention de priver l'héritier testamentaire de sa succession, en ajoutant que celui-ci a cessé de mériter ses bienfaits, l'exclusion devait avoir lieu conformément à la loi 4 au Code de his quib. ut ind. : « Quia tamen testatrix voluntatem suam mereri unam ex heredibus suis declaravit, merito ejus portio non jure ad alium translata, fisco vindicata est. » Ainsi l'hérédité n'était pas transférée au nouvel héritier désigné, mais elle devenait la proie du fisc.

CHAPITRE V.

Des effets de l'indignité.

§ 1.

L'indignité profite au fisc, sauf exception.

Nous croyons avoir épuisé la longue liste des causes d'indignité qui se trouvent mentionnées dans les textes ; nous devons insister maintenant sur les effets qui en résultaient, nous en avons déjà bien des fois signalé le principal, c'est-à-dire l'enlèvement à l'indigne de l'hérédité ou du legs, ou plus généralement de la libéralité quelconque et son attribution au fisc. Cette règle, nous l'avons dit aussi, n'est pas cependant sans exception, car il arrivait parfois que les biens enlevés aux indignes ne devenaient pas le profit du fisc, mais restaient dans la succession : « Quæ autem antiquis legibus dicta sunt de his, quæ ut indignis auferuntur, et nos simili modo intacta servamus : *sive in nostrum fiscum, sive in alias personas perveniant* (1). » Il faut reconnaître d'ailleurs que les interprètes, et surtout Scip. Gentilis, dans son traité sur le droit d'accroissement, chap. 10, ont exagéré outre mesure le nombre de ces exceptions, en prenant pour des cas d'indignité des hypothèses où la libéralité n'avait pas pu se réaliser, où il y avait eu par conséquent absence d'acquisition et non pas privation de la chose acquise.

En tête des cas exceptionnels où l'indignité n'opère pas au profit du fisc, Scip. Gentilis place celui où le testateur a commis une erreur portant sur le degré de parenté qui l'unit à l'institué, s'imaginant, si l'on veut, que cet institué était son frère, tandis qu'ils n'étaient pas parents (2) ; mais cette doctrine doit être rejetée. La fausse croyance en vue de laquelle l'institution a été faite est en effet un vice suffisant pour entraîner la nullité de celle-ci ; les héritiers légitimes seront donc appelés, non pas parce que l'héritier testamentaire est indigne, mais parce qu'il n'y a pas d'héritier testamentaire ; la loi 5, C. de testam. ne dit pas autre chose : « Et quæ ut filiis testamento relinquuntur juxta ea quæ a princi-

(1) L. 1, § 12, C. de caduc. toll.
(2) L. 7 de hered. inst., l. 5, C. de testam.

pibus statuta sunt, *non deberi*, certi juris est; » et quand bien même ce texte se serait, dans l'origine, rapporté à un legs, par son insertion au titre de testamentis, il a pris un sens général, et nous n'avons aucune nécessité de ne pas l'appliquer à l'institution d'héritier.

C'est sur le même principe que repose la loi 7, C. de hered, institut.; elle a mis à la torture l'esprit des commentateurs, mais nous pensons que M. de Savigny en a trouvé la véritable interprétation (1). Nous citons le passage fort court où il s'en occupe : « Voici, dit-il, l'espèce de cette loi.... Un *peregrinus* adopte comme frère un autre *peregrinus*. Tous deux ensuite deviennent citoyens romains, et l'adoptant institue pour héritier ce frère putatif. Les empereurs déclarent nulle cette institution d'héritier, la parenté supposée n'existant pas, puisque, même chez les pérégrins, nul ne peut être adopté comme frère. Dans l'interprétation de ce texte, il faut évidemment admettre que plus tard ils ont obtenu le droit de cité; si, comme le pensent plusieurs auteurs, la qualité de *peregrini* était la raison de nullité, on n'eût pas manqué d'invoquer cet argument péremptoire, et l'erreur du testateur eût été une circonstance indifférente. »

Cependant, si l'héritier était un enfant supposé du testateur, il y avait alors véritablement indignité et dévolution au fisc de l'hérédité : « Aufertur et quasi indigno successio, qui cum heres institutus esset ut filius, post mortem ejus qui pater dicebatur,

(1) Traité de Dr. rom., t. III, Append. 17.

suppositus declaratus est (1). » La loi 4, C. de hered. inst., statuant dans la même hypothèse, prononce aussi l'exclusion : « Auferendam ei successionem. » Il est vrai que la loi 1, § 11, de edict. carbon., décide que l'institution d'un enfant supposé est tenue *pro non scripta*, ce qui exclurait le droit du fisc ; mais, dit encore M. de Savigny (loc. cit.), il faut regarder les expressions de cette loi comme inexactes, et chercher la règle véritable dans les textes cités plus haut ; peut-être aussi le droit du fisc a-t-il été introduit postérieurement à Ulpien, qui est l'auteur de la loi 1, § cit. La loi 46 de jure fisci est d'Hermogénien.

Quant au motif qui avait fait naître cette cause d'indignité, qui n'était pas en harmonie avec le droit commun, la nullité de l'institution faite dans la croyance erronée d'un lien de parenté inexistant, il est probable qu'il se rapportait à l'idée de prévenir la supposition des enfants par la menace de la confiscation.

Cette discussion, à laquelle nous nous sommes livré sur les textes invoqués par Scip. Gentilis, prouve manifestement la fausseté de son système : car ou l'erreur sur la qualité de l'institué vicie l'institution, ce qui la fait considérer comme non écrite, ou bien, ce qui est fort exceptionnel, elle produit l'indignité ; mais cette indignité profite au fisc, et non pas aux héritiers légitimes.

On range encore habituellement parmi les exceptions à la fiscalité les deux premières hypothèses de

(1) L. 46, pr. D. de jure fisci.

la loi 9, de his quæ ut ind. (1). Nous ne reviendrons pas sur ce que nous avons dit à ce sujet ; nous rappellerons seulement que nous n'avons vu là que deux cas de révocation tacite de legs.

Les cas précédents éliminés, il ne reste que peu de cas où le fisc n'est pas admis à profiter de l'indignité :

1° Le tuteur qui se rend indigne en s'excusant de la tutelle testamentaire, perd le bénéfice des libéralités qu'il a reçues ; mais ce n'est pas le fisc qui vient s'en emparer ; au fisc est préféré le pupille lui-même, *cujus utilitates desertæ sunt* (2). On avait sans doute considéré le refus de la tutelle comme très-préjudiciable à l'enfant, et on l'avait en quelque sorte indemnisé en le faisant profiter de l'indignité de tuteur désigné ; l'intérêt que mérite la condition des pupilles avait fait fléchir la théorie fiscale.

2° En cas d'exclusion du légataire ou fidéicommissaire pour avoir soustrait ou caché le testament du défunt, le fisc était encore mis de côté (3). C'était l'héritier institué dans ce testament qui bénéficiait du legs ou du fidéicommis ; n'était-ce pas encore parce qu'il avait été exposé à un préjudice considérable, la perte de la succession, que la loi lui abandonnait les objets légués en compensation des risques qu'il avait courus ?

L'application de la const. 25 suppose, bien entendu, que le testament qu'on avait fait disparaître a

(1) Inimitiés survenues entre le légataire et le testateur. — Injures graves.

(2) L. 5, § 2, de his quæ ut ind.

(3) L. 25, C. de leg.

été retrouvé *(in lucem emerserit)*, autrement il ne pourrait être question d'attribuer à l'institué, qui ne pourrait pas justifier de sa qualité, le produit de l'indignité du légataire coupable. Mais le délit de suppression constaté, l'exclusion de celui-ci profiterait au fisc (1).

3° Le mari meurtrier de sa femme perdait, quoique survivant, le droit de retenir la dot adventice, et la répétition en était accordée aux héritiers de sa victime. « Si vir uxorem suam occiderit, dotis actionem heredibus uxoris dandam esse Proculus ait (2). » Si le mari, au contraire, sans être le meurtrier, avait seulement négligé de venger le meurtre, la dot était attribuée au fisc (3).

D'où vient cette différence entre les deux cas ? Cujas dit que dans le premier la cause d'indignité du mari est concomitante au décès de la femme, si bien que la répétition de la dot est un droit immédiatement acquis pour les héritiers, tandis que, dans le second, la cause d'exclusion étant postérieure au décès, ils ne peuvent se prévaloir d'un droit qui n'était pas né lors de l'ouverture de la succession.

Là ne se trouve pas, selon nous, le véritable motif de la différence : il se tire plutôt d'une considération d'équité. La femme, si elle eût survécu, eût repris sa dot, et l'eût transmise à ses successeurs ; le mari, par son crime, a rendu cette éventualité impossible, en faisant évanouir la condition à laquelle la restitution dotale était soumise, et comme la con-

(1) L. 26, D. de leg. corn. de fals.

(2) L. 10, § 1, D. de sol. matr.

(3) L. 20, D. de his quæ ut ind. — L. 27, D. de jure fisci.

dition est réputée accomplie, lorsque c'est le débiteur conditionnel qui en a empêché l'accomplissement (1), il s'ensuit qu'il doit restituer la dot, et que, l'en priver, ce serait le priver de ce qui ne lui appartient pas. Mais lorsque le mari n'est pas le meurtrier, ses droits à la conservation de la dot sont incontestables, car le prédécès de la femme ne lui est pas imputable. Sa négligence à venger le meurtre autorise donc et rend légitime la confiscation, qui eût été une injustice dans l'espèce précédente.

4° Les causes d'indignité dont les novelles font mention rejettent toutes le droit du fisc ; il semble qu'avec le temps la fiscalité se soit relâchée.

C'est ainsi que la désobéissance aux ordres du défunt entraîne l'attribution de la part de l'héritier négligeant aux autres personnes nommées dans le testament, aux cohéritiers d'abord, aux légataires et fidéicommissaires ensuite ; et, à défaut, aux héritiers légitimes ; mais la dévolution se fait *cum suis oneribus* (2).

De même l'exclusion des héritiers, pour n'avoir pas pris soin de leur parent ou bienfaiteur en démence, profitait à celui qui, par commisération, l'avait retiré dans sa maison et soigné jusqu'à sa mort, « *ita tamen ut cætera testamenti capitula in sua maneant firmitate* (3). »

Et si le défunt était mort en captivité, par suite de la négligence de ses héritiers, sa succession était dé-

(1) L. 81, § 1, D. de cond. et demonst.
(2) Nov. 1, cap. 1, § 1.
(3) Nov. 115, cap. 3, § 12.

volue à l'église de sa ville natale pour être spécialement employée au rachat des captifs (1).

§ 2.

L'indigne reste héritier *ipso jure*. Conséquences de ce principe.

L'indigne, tout en perdant le bénéfice de l'institution, conservait néanmoins son titre d'héritier ; un passage de Paul ne laisse pas de doute à cet égard. « Qui in fraudem legum fidem accommodat, adeundo heres efficitur, nec desinet heres esse, licet res quæ ita relictæ sunt auferuntur (2). »

De là des conséquences remarquables :

1° Les legs, les fidéicommis et les affranchissements étaient maintenus. L'institution, *caput et fundamentum testamenti*, continuant à subsister, la conservation des dispositions testamentaires n'avait en effet rien d'insolite ; il est même possible que le désir de maintenir ces libéralités ait contribué à accréditer la fiscalité en cette matière ; car, si au lieu du fisc, la loi eût appelé directement à la succession les héritiers légitimes, ceux-ci arrivant ab intestat n'eussent été grevés d'aucune des charges contenues dans le testament.

2° L'indignité de l'institué principal entraînait la déchéance de la substitution. Le substitué est un héritier conditionnel : *Si Titius heres non erit, Sempronius heres esto.* Pour que la substitution produise son effet, il est nécessaire que la condition négative, *si heres non erit*, s'accomplisse. Or, qu'arrive-t-il

(1) Nov. 115, cap. 3, § 13.

(2) L. 43, § 3, D. de vulg. et pupil. subst.

quand l'institué en première ligne s'est rendu indigne? A-t-il été ou non héritier? La réponse n'est pas douteuse. La condition est donc défaillie, et par conséquent la substitution disparait.

Cette solution, conforme à la logique rigoureuse des jurisconsultes romains, trouve d'ailleurs sa consécration dans la loi 15 D. de SC[to] silan. Marcien y prévoit le cas où l'institué a mérité l'indignité pour avoir négligé de venger le meurtre du défunt, quand au contraire le substitué s'est acquitté, lui, de ce devoir, et il déclare, d'accord avec Papinien, que le fisc s'emparera quand même de la succession. « Nam pœna illius, hujus præmium esse non debet. »

3° L'héritier indigne et créancier du défunt perdait sans ressource le bénéfice de sa créance; à la qualité de créancier il avait réuni en effet, en succédant, celle de débiteur, deux qualités incompatibles l'une avec l'autre, qui amenaient forcément une confusion ; et cette créance, ainsi éteinte, ne renaissait pas, malgré l'enlèvement des biens par le fisc, car l'indélébilité du titre d'héritier chez l'indigne faisait qu'il gardait toujours celui de débiteur (1).

Ce que nous venons de dire des actions, s'appliquait aussi aux servitudes rurales ou urbaines que l'indigne pouvait avoir sur des fonds dépendant de la succession. Propriétaire à la fois du fonds dominant, à cause de son droit antérieur, et du fonds servant, à cause de sa qualité d'héritier qui ne cessait pas, il

(1) L. 8. — L. 17. — L. 18, § 1, D. de his
L. 29, § 1, D. de jure fisci.

restait toujours sous le coup de la maxime : *Res sua nemini servit* (1).

Cependant on se montrait indulgent pour l'héritier qui avait fait adition, dans l'ignorance de son indignité ; il avait droit à être restitué contre les effets de la confusion (2).

Cujas démontre péremptoirement que la loi 22 C. de inoff. testam. n'est point contraire à ces décisions. Elle suppose un testament fait par un mari en faveur de sa femme avec exhérédation de sa fille sans motif légitime. L'enfant attaque le testament paternel par la plainte d'inofficiosité, et obtient gain de cause. L'empereur admet sans difficulté la femme à réclamer contre la fille ce qui lui était dû par le mari. C'est que la *querela* a opéré la rescision du testament, en même temps la rescision de la qualité d'héritière qu'il attribuait à la femme ; celle-ci n'est donc plus créancière et débitrice en même temps ; elle n'est que créancière ; plus d'incompatibilité, et partant plus de confusion. Nous avons cité cette loi 22, non pas qu'elle présente une objection sérieuse, mais parce qu'elle fait nettement ressortir la différence de la persistance au moins nominale du titre d'héritier, d'avec la rescision entière, complète du même titre.

Faut-il dire que les dettes de l'indigne envers la succession sont définitivement éteintes, comme les créances qu'il avait contre elle ? Les textes ne distinguent pas ; mais il nous semble difficile de ne pas accorder la restitution en faveur du fisc, sans quoi

(1) L. 8, D. de his quæ ut ind.

(2) L. 17 in fin. eod. tit.

l'indigne ferait un gain qu'il ne doit pas faire, à moins pourtant que l'on ne voie dans la confusion définitive moins une disposition rigoureuse qu'une sorte de forfait destiné avant tout à éviter des règlements de compte de part et d'autre.

4° En poussant à l'extrême limite le principe que l'indigne ne cesse pas d'être héritier, il faudrait lui faire supporter les dettes de la succession dont il est privé; mais il est soustrait à l'action des créanciers du défunt, parce qu'il serait inique qu'on lui laissât les charges, quand on lui enlève le bénéfice: « Bonis universis ex causâ taciti fideicommissi fisco restitutis, heredem onus æri alieni non spectare convenit. (1) »

§ 3.

Des charges imposées au fisc.

Le fisc, mis à la place de l'indigne, s'il n'avait pas le nom d'héritier, en jouait véritablement le rôle.

Les dettes de la succession devaient être acquittées par lui; une hérédité, en effet, se compose à la fois d'un actif et d'un passif; l'un ne va pas sans l'autre, *eumdem sequuntur onera, quem commoda.*

De même le fisc était tenu de payer les legs ou les fidéicommis laissés par le testateur, et d'affranchir les esclaves auxquels il avait donné la liberté fidéicommissaire (2). Gaius, dans la loi 14 D. de jure fisci, donne un témoignage encore plus irrécusable,

(1) L. 18, § 1, D. eod. tit.

(2) L. 50, § 2, D. de leg. — 1° L. 5, § 1, D. de his quæ ut ind. — L. 12 D. de fideic. libert. — L. 9 D. de SC^to Silan.

car il prend le soin de réfuter l'opinion de ceux qui pensaient que, dans le cas particulier du sénatus-consulte Silanien, le fisc n'était point obligé de respecter les libéralités du testateur, et il le fait en s'appuyant sur le droit commun.

Les prélegs au profit de l'indigne étaient-ils au nombre des charges testamentaires obligatoires pour le trésor impérial? On appelait prélegs (*prælegata — præceptiones*), des dispositions faites à titre de préciput à l'un des institués, qui en profitait indépendamment de sa portion héréditaire. L'héritier ainsi favorisé, acquérait la chose léguée à deux titres différents, c'est-à-dire une partie *jure legati*, l'autre partie *jure hereditario*. Cela tenait à ce qu'il ne pouvait être légataire vis-à-vis de lui-même, parce qu'il se fût trouvé en même temps créancier et débiteur du legs. Mais, s'il renonçait à la succession, il restait seulement légataire, et c'est à ce titre unique que le prélegs lui appartenait.

L'indignité amenait, à cet égard, le même résultat que la renonciation, et le legs était dû à l'indigne par le fisc, qui avait pris sa place pour la part à sa charge avant l'exclusion, et pour l'autre part par les cohéritiers. C'était donc uniquement *jure legati* que la libéralité lui appartenait; mais en était-il exclu comme de la succession même? Tout dépendait de la cause d'indignité dont il était atteint.

La loi 18 D. de his quæ ut ind. statue dans l'hypothèse d'un fidéicommis tacite accompagné d'un prélegs, et décide que ce prélegs ne sera point enlevé au grevé, et le motif s'aperçoit aisément : sa promesse de restitution en fraude de la loi n'a porté que sur sa part héréditaire, et nullement sur l'émolument du prélegs.

Même décision à peu près dans la loi 12 cod. tit. L'indignité, dans ce texte, dérive de la volonté du défunt ; la question de l'attribution des prélegs est donc purement une question d'interprétation de la volonté du testateur ; le juge examinera ce qu'il a vraisemblablement voulu.

Mais si les héritiers sont indignes pour avoir négligé le devoir de la vengeance, leur exclusion s'étendra à toutes les dispositions favorables dont ils ont été l'objet, aux prélegs comme à leur part héréditaire ; ils ne pourront rien retenir, et le fisc s'emparera de tout (1).

L'indignité de l'héritier s'étendait à la rétention de la quarte Falcidie (2), en sorte que le fisc avait le droit de faire réduire les legs ou fidéicommis lorsqu'ils excédaient les trois quarts de l'hérédité ; son obligation à la prestation des charges testamentaires était donc restreinte dans les mêmes limites que celle d'un héritier véritable (3).

Ce droit du fisc est encore attesté par une foule de passages pour le cas particulier du fidéicommis tacite (4). Cependant, il est fait une réserve en faveur du grevé de restitution ; si sa part héréditaire dépassait le taux du fidéicommis frauduleux, il jouis-

(1) L. 15, § 1, D. de SC[to] Silan.

(2) L. 5, § 10, D. de his quæ ut ind.

(3) L. 3, C. ad leg. Falcid.

(4) L. 59, D. ad leg. Falcid. — L. 3, § ult. ad Sc[tm] Trebell. — L. 49, D. de jure fisci.

sait lui-même, relativement à cet excédant dont il n'était pas indigne, du bénéfice de la loi Falcidie.

§ 4.

De quelques règles précisant l'étendue de l'indignité.

1° Les acquisitions qu'un citoyen faisait en qualité de père de famille lui étaient enlevées, comme s'il les eût faites directement lui-même : « Si pater vel dominus, dit Paul, id testamentum quo filius ejus vel servus heredes instituti sunt, aut legatum acceperunt, falsum redarguant, nec obtineant, fisco locus est (1). »

2° Mais, à l'inverse, le fisc ne s'emparait pas de ce qui n'était laissé à l'indigne qu'à charge de restitution : « Eo autem solo carere quis debet cujus emolumentum ad eum pertinet (2). » Cette règle était de toute justice; un innocent ne devait pas être puni pour le coupable. De même quand l'indigne devait acquérir pour autrui ; c'est ainsi que la loi 5, § 5, D. de his quæ ut ind., décide que si un fils de famille a argué de faux un testament, cette accusation ne peut pas être opposée au père, si le fils l'a intentée malgré lui.

3° Les causes d'indignité ne valaient qu'à l'égard de la succession de la personne dont on avait démérité ; donc celui qui avait été exclu de la succession de Titius pouvait ensuite succéder à Sempronius, qui avait recueilli cette même succession, *quia non principaliter in Titii hereditatem succedit* (3).

(1) Paul Sent., lib. 5, t. 12 — L. 5, § 3, D de his quæ ut ind.

(2) L. 8, § 14, D. de inoff. testam.

(3) L. 7, D. de his quæ ut ind.

4° Au reste, la mort de l'indigne n'éteignait pas les droits du fisc : les biens étaient saisis et confisqués même entre les mains de son héritier (1). L'espèce de la loi 9 ne peut être passée sous silence : un certain Lucius Titius avait institué comme héritiers sa sœur pour les trois quarts et sa femme Mævia et son beau-père pour le restant de l'hérédité. La naissance d'un enfant posthume a rompu le testament, et ce posthume étant venu ensuite à mourir, sa succession est dévolue tout entière à Mævia, sa mère. La sœur accuse celle-ci d'avoir empoisonné l'enfant ; pendant le procès et avant le jugement définitif, Mævia meurt aussi. Le décès de l'accusée éteint la poursuite criminelle, mais le jurisconsulte déclare que le fisc a le droit de suivre l'instance à l'effet de s'emparer de biens acquis par un crime, si Mævia est reconnue coupable. Nous adoptons l'opinion de Cujas (2) sur la manière d'entendre les mots du texte *in Lucium Titium ;* on pourrait croire que la victime de l'empoisonnement est Lucius Titius le testateur ; mais, s'il en était ainsi, l'hérédité ne serait pas susceptible d'être enlevée à Mævia, puisqu'elle succède non pas à son mari, mais à son enfant ; il faut donc dire que les mots précités désignent le posthume qui portait les mêmes noms que son père.

5° La restitution des fruits était subordonnée à la mauvaise foi de l'indigne ; s'il connaissait l'indignité dont il était atteint, il devait compte au fisc de tous les produits qu'il avait perçus ou dû percevoir :

(1) L. 26, D. de leg. Corn. de falsis. — L. 9, de jure fisci D.
(2) Observ. 26, cap. 21.

« *Fructus omnes restituere cogendum existimari,* » dit Papinien (1), en parlant d'un héritier qui seulement a négligé de venger le meurtre du défunt. Il donne la même décision dans la loi suivante au sujet d'un héritier fiduciaire, *qui tacitum fideicommissum in fraudem legis suscepit.* Enfin une constitution des empereurs Sévère et Antonin est non moins formelle sur ce point (2).

Si, au contraire, l'indigne avait possédé de bonne foi, il n'était plus astreint à la restitution des fruits, parce qu'il les avait faits siens : « *Deceptum autem ignoratione facti, bonæ fidei possessoris defensionem habiturum, ante motam scilicet controversiam, si ratio fructuum subducatur.* » Mais, bien entendu, la bonne foi cessait forcément dès le moment de la *litis-contestatio.*

(1) L. 17, D. de his quæ ut ind.

(2) L. 1, C. eod. tit.

SECTION II.

DE L'INGRATITUDE.

CHAPITRE I.

Prolégomènes.

La révocation des donations entre vifs, pour cause d'ingratitude, ne s'introduisit que fort tard dans le droit romain. Le titre *de revocandis donationibus* C. où il en est question, prouve d'une manière évidente que ce droit était inconnu à l'époque classique de la jurisprudence, et qu'il ne date que de constitutions impériales assez récentes. L'empereur Philippe décida le premier que la donation faite par un patron à son affranchi serait révoquée, si celui-ci se montrait ingrat envers son bienfaiteur, s'il négligeait les devoirs imposés par sa condition : *Non sunt digni quo eam* (*liberalitatem*) *retineant, cum cœperint obsequia negligere* (1). Ce même droit de révocation fut aussi établi par Théodose et Valentinien pour l'ingratitude des descendants envers leurs ascendants donateurs (2). Mais ce fut Justinien qui le premier généralisa ces règles, spéciales avant lui, par sa constitution 10 au Code eod. tit., et qui décida que toute donation serait révocable pour cause d'ingratitude, quelle que fût la relation existant entre les parties, fussent-elles étrangères l'une à l'autre.

La génération historique des règles sur les dona-

(1) L. 1 C. de rev. donat.

(2) L. 9, C. eod. tit.

tions entre vifs explique seule comment cette révocation se produisit si tardivement dans la législation romaine. Dans le principe, en effet, la donation, à Rome, n'était pas un contrat d'une nature particulière, avec ses règles propres ; la loi, d'accord d'ailleurs avec la langue, n'y voyait qu'une translation de propriété qui ne se distinguait des autres qu'en ce que le motif qui la déterminait était la libéralité du disposant : *Donatio dicta est a dono, quasi dono datum* (1). La propriété était donc transmise au donataire par les modes ordinaires, soit par la tradition, soit par la mancipation, suivant la nature de l'objet donné ; quant à la convention de donner elle-même, elle n'avait, pas plus que les autres pactes, aucune force obligatoire. Or, à cette époque primitive, pourquoi une transmission de propriété qui, sauf le motif, n'était pas différente des autres, eût-elle eu ses règles spéciales? Pourquoi eût-elle été susceptible d'être révoquée par suite des mauvais rapports des parties entre elles? Il serait hors de propos d'établir ici les modifications successives dont ce droit originaire fut l'objet ; mais en nous plaçant sous l'empereur Justinien où la transformation devient complète, nous voyons la donation entre vifs déclarée parfaite par le seul consentement des parties (1), non pas que la convention transfère par elle-même, et indépendamment de la tradition, la propriété au donataire, mais en ce sens qu'elle engage le donateur qui peut être actionné pour qu'il livre. C'est aussi à ce moment où la donation devient un contrat particulier que des

(1) 4. 35, § 1, de mort. caus. donat.

(2) Just., § 2, de donat.

règles véritablement particulières lui sont appliquées, et notamment celles qui concernent la révocation pour ingratitude.

CHAPITRE II.

Causes d'ingratitude.

Les causes qui permettent de révoquer la donation, parce que le donataire est considéré comme ingrat, sont prévues par la const. 10 précitée. Justinien en énumère cinq.

§ 1.

Injures graves.

Lorsque le donateur a été gravement insulté par le donataire, que celui-ci, au lieu de respecter son bienfaiteur, comme la reconnaissance lui en fait un devoir, s'est permis des injures pouvant porter une atteinte sérieuse à la dignité ou à la réputation d'un homme, l'ingratitude est constante, et la donation peut être révoquée. Mais constatons bien qu'il ne suffit pas d'une injure quelconque ; il faut qu'elle soit grave (*atrox*). Autoriser le donateur à reprendre la chose donnée pour la moindre irrévérence prétendue du donataire, ç'eût été en fait anéantir complétement le principe de l'irrévocabilité, l'un des traits distinctifs des donations entre vifs et des donations à cause de mort. Le § 9 des Institutes *de injuriis* et le n° 225 Com. III de Gaius, indiquent les circonstances qui donnent à l'injure le caractère de gravité. Au reste, l'influence de l'atrocité dans l'injure ne se faisait pas sentir seulement en matière de donation.

L'affranchi, par exemple, ne pouvait agir contre son patron que pour une injure grave, et la même règle s'appliquait aux enfants à l'égard de leur père qui ne les avait pas en sa puissance (1).

§ 2.

Violences contre la personne du donateur.

Les violences, exercées contre la personne du donateur, révoquaient aussi la donation pour ingratitude, *si manus impias inferat*, dit la constitution. La généralité de ces termes embrasse évidemment tous les mauvais traitements dont le donataire s'est rendu coupable. Meurtre, coups, blessures, voies de fait quelconques, y sont comprises. Si nous supposons de simples menaces non suivies d'exécution, le donataire, si on veut, a levé le poing sans frapper, faut-il le déclarer ingrat? Nous ne le pensons pas ; le texte, en effet, paraît exiger la perpétration du délit, la violence accomplie (*si manus inferat*). Cependant la menace peut revêtir le caractère d'injure grave à raison des circonstances ou de la qualité des personnes; la donation serait alors révocable, mais au moyen de la cause d'ingratitude précédente, et non par celle-ci.

§ 3.

Attentat contre la vie du donateur.

L'attentat contre la vie du donateur constitue la troisième cause d'ingratitude. Si Justinien a mentionné spécialement cet attentat, après avoir dit d'une manière générale que tous les attentats contre

(1) L. 7, § 2 et 3, D. de injur.

la personne du donateur rendaient le donataire ingrat, cela tient à ce que la tentative du meurtre toute seule, même si elle n'a pas réussi, est suffisante pour entraîner l'ingratitude, tandis qu'il est nécessaire, ainsi que nous l'avons dit plus haut, que les autres entreprises contre la personne aient été réalisées.

§ 4.

Préjudice considérable occasionné par dol.

Il faut que le dommage ait été réellement supporté, la seule intention du donataire de le faire subir serait insuffisante. Lors donc qu'il a porté contre le donateur une accusation entraînant la confiscation des biens du condamné, la révocation, en cas d'acquittement, ne pourra avoir lieu pour cette cause, parce que, en effet, la confiscation n'aura pas été encourue, ni par conséquent le préjudice causé. Mais comment déterminer quand le préjudice est considérable, dans le sens de la constitution? Parmi les commentateurs, les uns argumentant de ce qui se passe dans la rescision de la vente pour lésion (1), exigent que le donateur ait perdu par le dol du donataire au moins la moitié de son patrimoine. Doneau, lui, se contente d'une perte du tiers, et il justifie sa décision en remarquant que la partie confisquée, si confiscation il y a, est tantôt de la totalité, tantôt de la moitié ou seulement du tiers des biens, cette peine pécuniaire variant suivant la gravité du crime ; il conclut de là que la perte du tiers est ce qu'il faut appeler un grand préjudice (*magna jac-*

(1) L. 2 et 8 C. de rescind. vend.

tura), la perte de la moitié un préjudice plus grand *(major jactura)*, et la perte du tout le plus grand des préjudices *(maxima jactura)* (1). A ces systèmes fixant arbitrairement le quantum du dommage exigé au tiers ou à la moitié, nous préférons de beaucoup l'opinion de Tiraqueau (2) et de plusieurs autres qui en laissent la détermination à la religion du juge; dans le silence des textes, c'est là certainement le parti le plus sage et en même temps le plus juste ; en effet, une perte d'un tiers de sa fortune pourrait être peu considérable pour Primus, tandis qu'une perte équivalente serait beaucoup plus grande pour Secundus, moins riche que lui ; le juge devait avoir la faculté d'examiner les circonstances, la condition des personnes, le prix d'affection que le donateur attachait aux biens, dont le dol du donataire l'a privé.

§ 5.

Inexécution des conditions de la donation.

L'inexécution des charges ne formait point, comme en droit français (3), une cause spéciale de révocation des donations, elle rentrait dans la cause de révocation pour ingratitude, et ses effets n'étaient point différents. Mais les lois romaines donnaient pour ce cas, outre l'action révocatoire contre le donataire ingrat, une action générale qui naissait à la suite de toute opération faite en vue d'un résultat qui n'avait pas été obtenu. Le donateur avait le choix

(1) Panel. lib. 11, cap. 27, x.

(2) In L. 10, C. h. t.

(3) C. Nap., art. 953.

entre ces deux moyens d'agir, nous verrons plus loin pourquoi.

§ 6.

Causes spéciales de révocation.

Ces cinq causes d'ingratitude entraînaient la révocation de toute espèce de donation ; mais il existait deux autres causes spéciales, que nous devons rappeler ici, pour que la nomenclature soit complète.

1° Parmi les devoirs que la loi romaine imposait à l'affranchi, se trouvaient les *obsequia*. On entendait par là tout ce qui tient au respect, à la reconnaissance, à la piété qui est due au patron par celui qu'il a tiré de l'esclavage. Le manquement à ces devoirs sacrés rendait l'affranchi ingrat, et autorisait le patron à révoquer la donation qu'il avait faite. Ce qui n'empêchait pas, bien entendu, que cette donation pût être révoquée aussi pour l'une ou l'autre des cinq causes générales (1).

2° L'enfant qui avait conspiré la ruine d'un de ses ascendants de qui il tenait une donation encourait également la peine de l'ingratitude, quoique cette ruine préméditée et non accomplie n'eût pas permis de révoquer contre tout autre donataire. La mère, même remariée, pouvait invoquer cette cause spéciale, bien que son droit de révocation fût bien plus limité que celui d'un donateur ordinaire.

§ 7.

L'énumération de la const. 10 est limitative.

L'énumération de ces causes d'ingratitude est faite limitativement, puisque Justinien déclare que les do-

(1) L. 1, C. de rev. donat.

nations ne peuvent être révoquées que pour les causes qu'il indique : « *Ex his tantummodo causis donationes everti concedimus.* » Cependant les interprètes ont prétendu ajouter un cas qui n'est pas prévu par la constitution. Ils ont dit que le refus d'aliments au donateur rendait le donataire ingrat, parce qu'il manquait à l'exécution d'une des charges tacites du contrat. Cette opinion pourrait peut-être s'admettre si les donataires avaient jamais été compris en droit romain au nombre des personnes qui sont obligées à la dette alimentaire. Les ascendants sont tenus de fournir des aliments à leurs descendants, et réciproquement l'affranchi à son patron; mais aucun texte n'impose cette obligation au donataire envers le donateur. Que décide en effet la loi 8 de decur. D? qu'il est permis aux cités d'accorder des aliments aux décurions pauvres, *maxime si ob munificentiam in patriam patrimonium exhauserunt.* C'est là une pure faculté donnée aux villes, afin qu'elles puissent récompenser le dévouement à leurs intérêts ou la munificence dont elles ont été l'objet ; mais ce n'est pas là une obligation qui leur est imposée. — On a voulu encore s'appuyer sur la loi 5, de agnosc. et alend. lib. L'enfant doit nourrir ses parents dans la misère ; or, celui qui a abandonné tous ses biens ou la plus grande partie, doit être considéré comme tenant lieu de père au donataire, et avoir le droit d'exiger de lui des aliments. Singulière assimilation, surtout en droit romain, où la paternité et les droits de famille ont des règles si spéciales contre lesquelles l'analogie, même la plus forte, ne peut rien !

Enfin d'autres ont cherché ailleurs le moyen d'arriver à la révocation pour refus d'aliments. La donation, ont-ils dit, peut être révoquée pour injures graves. Or, le donataire ne fait-il pas au donateur une injure en lui refusant des aliments ? Cette manière de raisonner n'est qu'une pétition de principe, car le refus du donataire ne peut être une injure qu'autant qu'il est obligé, et que la demande est fondée. Or, c'est ce qu'on ne prouve pas.

Nous avons rapporté ces différents systèmes, non pas qu'ils méritent d'être sérieusement discutés, mais parce qu'ils prouvent les efforts tentés par les commentateurs pour trouver dans le droit romain, ce qui n'y était pas, la révocation des donations pour refus d'aliments.

Mais si le donateur a eu soin de stipuler expressément que le donateur lui fournira des aliments, la dette alimentaire est créée et devient une des charges de la donation, dont l'inexécution doit entraîner la révocation pour ingratitude. On rentre alors dans l'une des hypothèses prévues par Justinien.

CHAPITRE III.

A qui appartient le droit de révocation.

Le droit de révocation appartenait-il à tous les donateurs? Nous savons qu'avant Justinien il n'était pas concédé d'une manière générale; les constitutions des empereurs précédents se réfèrent seulement en effet à certains donateurs privilégiés, au patron qui a donné à son affranchi, à l'ascendant qui a donné à son descendant; mais avec la const. 10 de revocand donat., la révocation pour ingratitude est devenue un droit général, sauf quelques exceptions maintenues implicitement. Voici ces cas exceptionnels : dans deux hypothèses spéciales une mère ne pouvait pas invoquer l'ingratitude de ses enfants donataires pour demander la révocation : 1° lorsqu'elle se livrait au libertinage; le dérèglement de ses mœurs, la flétrissure qu'elle imprimait à son front, et qui rejaillissait sur sa famille, excusaient la conduite des enfants; 2° lorsqu'elle avait contracté un second mariage, et que les enfants donataires étaient issus des premières noces : depuis que le christianisme était devenu la religion de l'empire, les seconds mariages, sous l'influence chrétienne, avaient été vus d'un mauvais œil; on supposait les intérêts des enfants du premier lit sacrifiés par la mère qui se remariait; le refus du droit de révocation était pour elle la conséquence de la défaveur dont elle était l'objet. Plus tard, cependant, la nov. 22, coll. IV, t. I, cap. 35, adoucit cette exclusion rigoureuse des femmes remariées du droit de révoquer, pour ingratitude, les donations qu'elles avaient faites à leurs enfants du premier mariage. Ce droit leur fut accordé dans les trois cas suivants : 1° si ces enfants ont porté la main sur leur mère; 2° s'ils ont essayé de la faire périr; 3° s'ils ont conspiré la ruine de toute sa fortune.

Mais, lorsque la donation avait été accompagnée d'une charge quelconque, l'inaccomplissement de cette charge autorisait, dans tous les cas, la mère à répéter les choses données, au moyen de la *condictio causa data causa non secuta* (1), car cette action était entièrement distincte de celle pour ingratitude, et quoique la mère remariée ou vivant dans la débauche n'eût pas le droit de demander la révocation contre ses enfants ingrats, elle pouvait néanmoins se servir de la *condictio* pour faire résoudre un contrat dont une condition n'avait pas été exécutée.

Remarquons enfin que si la donation n'a pas été faite par la mère à des enfants, mais à des donataires qui n'ont point cette qualité, la révocation n'est point interdite à celle-ci, eût-elle convolé à de secondes noces ou vécu dans le libertinage. L'exception doit être restreinte dans ses termes, et ne s'appliquer qu'en faveur des enfants.

CHAPITRE IV.

De l'action en révocation et de ses effets.

§ 1.

Elle n'est pas transmissible.

Les héritiers succèdent à tous les droits compris dans le patrimoine du défunt, et par conséquent ont en général l'exercice de toutes les actions que leur auteur eût pu exercer lui-même. Cette règle de la transmission des droits et actions aux héritiers souffrait cependant des exceptions remarquables. En effet, l'action d'injures, l'action de testament inofficieux, et l'action en révocation des donations pour

(1) L. 2. et L. 3, C. de cond ob caus. dat.

cause d'ingratitude, étaient personnelles à l'injurié, aux enfants prétérits ou exhérédés, et au donateur. L'idée commune, qui motivait ces différentes exceptions, était l'idée de vengeance, à laquelle s'associe naturellement l'idée de pardon : l'offensé pouvait seul agir, parce qu'il était juge lui-même de la portée de l'offense et libre de la pardonner ; s'il mourait sans être plaint, la loi présumait le pardon.

Le caractère de personnalité et d'instransmissibilité de l'action révocatoire pour cause d'ingratitude est prouvé par les lois 1, 7 et 10, C. de rev. donat. Cependant il ne faut pas l'exagérer, car l'action peut devenir transmissible aux héritiers, si le donateur est mort après l'avoir intentée ; la loi romaine le dit expressément pour l'action d'injures, et les termes de la constitution 10 ne laissent pas de doute à cet égard (1). Nous allons même plus loin, et nous soutenons que l'intention seule de révoquer, manifestée par le donateur de son vivant, indépendamment de toute action en justice, permet à ses héritiers d'agir. Cette interprétation repose sur les expressions *tacuerit* et *silentium*, employées par Justinien, qui peuvent s'appliquer à celui qui, sans avoir encore formé de plainte, aurait témoigné son mécontentement.

Réciproquement, l'action révocatoire ne peut s'exercer que contre le donataire, et non contre ses héritiers, en sorte que la transmission n'existe pas plus au point de vue passif qu'au point de vue actif ; c'est ce qui résulte de ce passage, relatif au droit de

(1) Inst. liv. IV, t. 12, § 1.

révocation : « Hoc tamen usque ad primas personas tantummodo stare censemus (1). » Les mots *primas personas* indiquent évidemment ceux dont il vient d'être question, c'est-à-dire à la fois le donateur et le donataire ; c'est donc entre ces personnes seulement que la révocation peut avoir lieu ; leurs héritiers ne peuvent en principe ni l'invoquer ni la subir. Les empereurs Constantin et Constance sont encore plus explicites, s'il est possible ; ils déclarent formellement que l'action, lorsqu'elle est concédée à une mère donatrice, ne passe ni à ses héritiers, ni contre les héritiers de l'enfant ingrat : « Nec in heredem detur, nec tribuatur heredi (2). » Enfin, si l'on veut sortir des arguments de texte, l'on peut rappeler encore la grande ressemblance qu'il y a entre l'action en révocation pour cause d'ingratitude et l'action d'injures ; or cette dernière s'éteint non-seulement par la mort de l'injurié, mais aussi par la mort de l'injuriant. Ce qui est vrai de l'une doit être vrai de l'autre. Toutefois, la règle n'est pas si générale qu'elle ne comporte l'application de la maxime de droit commun : « Omnes actiones quæ morte aut tempore pereunt semel inclusæ judicio salvæ permanent. »

Doneau veut, au contraire, que l'action en révocation soit toujours accordée contre les héritiers du danataire (3). Selon lui, cette action est une de celles qu'on appelle *rei persecutoriæ*, dont le caractère est d'être transmissibles ; en outre, il combat les textes

(1) L. 10, C. de revoc. donat.
(2) L. 7, C. eod. tit.
(3) XIV. 30, § 1-15.

que nous avons cités, et qu'il regarde au moins comme équivoques : d'où il conclut que le donateur peut révoquer même après la mort de l'ingrat. Sa conclusion, si elle était logique, devrait aboutir aussi bien à la transmissibilité active qu'à la transmissibilité passive, car les actions persécutoires sont à la fois transmissibles activement et passivement. Mais nous nions que l'action révocatoire soit *rei persecutoria ;* elle naît du délit dont le donataire s'est rendu coupable en commettant l'ingratitude, et non du contrat de donation lui-même; à ce titre elle rentre dans les actions pénales, *quæ ex delicto nascuntur* (1), et est régie par cette règle : « Est certissima juris regula, ex maleficiis pœnales actiones in heredem rei non competere. »

Le donateur aurait-il pu renoncer par avance à l'action que la loi lui accorde pour punir le donataire ingrat? La question n'est pas résolue par les textes ; cependant on arrive à la négative en argumentant par analogie de la l. 27, § 4, de pactis, qui déclare nulles les conventions *ne furti agam vel injuriarum, si feceris*, ou *ne experiar interdicto unde vi;* de semblables conventions, dit ce fragment, *turpem causam continent.* Et certainement il faut en dire autant d'un contrat qui tendrait à affranchir l'ingratitude d'une peine prononcée par la loi.

§ 2.

Effets de la révocation.

La donation a transféré la propriété au donataire ;

(1) Inst., t. 6, § 18.

s'il a lui-même transmis les objets donnés, l'aliénation a été faite par le véritable propriétaire : si donc postérieurement la révocation est prononcée pour cause d'ingratitude, le tiers acquéreur ayant acquis *a domino* ne doit pas être évincé. La l. 7, C. de rev. donat. C., est expresse sur ce point : « Cæterum ea quæ ante incohatum cœptumque jurgium vendita, donata, permutata, in dotem data, cæterisque causis legitime alienata minime revocamus. » Les aliénations de toute sorte, ventes, donations, échanges, constitutions de dot, etc., faites par le donataire avant le commencement du procès, sont donc respectées ; mais il ne faut pas prétendre, comme quelques-uns l'ont fait, que la révocation non-seulement n'atteignait pas le tiers acquéreur, mais qu'elle devenait même inutile contre le donataire qui avait cessé d'être propriétaire. Quoi! celui-ci, après avoir aliéné, pourrait se montrer ingrat envers le donateur, se rire des bienfaits qu'il a reçus sans avoir rien à craindre! Où serait alors l'efficacité des règles sur la révocation, puisqu'il suffirait au donataire, pour s'assurer l'impunité, de ne rien conserver de ce qu'il a reçu? La raison écrite n'a pas dû assurément consacrer une théorie si déraisonnable ; aussi les principes du droit les plus élémentaires la repoussent-ils : en effet, l'action en révocation est une action personnelle, ayant sa source dans le délit d'ingratitude; or, quand une obligation devient inexécutable en nature par le fait du débiteur, il faut qu'elle soit exécutée par équivalent. Le donataire s'est mis dans l'impossibilité, en les aliénant, de restituer les choses données, il devra donc restituer leur valeur. Cependant, malgré Doneau, qui n'allègue en faveur de son opinion que des lieux communs, nous mitigerons cette décision rigoureuse en refusant un recours au donateur pour le cas où l'aliénation n'a point été frauduleuse et n'a point enrichi le donataire, soit qu'il ait lui-même donné ou dissipé le prix de vente ; conformément aux principes généraux, nous ne regardons ce dernier comme obligé que jusqu'à concurrence de son enrichissement (1).

Nous ajouterons que les tiers qui figurent dans la donation ne sont nullement compromis par la révocation, pas plus que les acquéreurs des biens donnés. Si donc la donation s'était opérée par délégation, l'acte juridique passé avec le délégué ne recevait aucune atteinte ; à son égard, en effet, tout était valable et irrévocable dès l'origine ; le donataire seul s'exposait à une nouvelle réclamation.

Quant aux fruits, ils entreront dans la restitution, mais seulement à partir de la *litis-contestatio ;* tant que le procès n'est pas définitivement engagé, la bonne foi en procure l'acquisition au donataire.

CHAPITRE V.

Application du principe de révocabilité pour ingratitude aux différentes espèces de donations.

Lorsque la donation était une donation simple, sans caractère particulier, le droit de révocation pour cause d'ingratitude appartenait toujours au

(1) De Savigny, traité de droit rom., § 169.

donateur, et indépendamment de la manière dont il avait enrichi le donataire, soit que cet enrichissement eût eu lieu par une translation de propriété (*dando*), ou par la création d'un rapport obligatoire (*obligando*), soit même qu'il fût résulté d'une libération gratuite (*liberando*).

Mais l'application du principe de révocabilité peut paraître moins évidente pour certaines sortes de donations. C'est surtout au sujet des donations rémunératoires que la controverse est possible.

Nous rejetons d'abord un système d'après lequel la donation rémunératoire ne serait pas une véritable donation. Puisque l'on admet que l'acte de libéralité subsiste avec ses règles propres, même quand il a eu pour mobile une bienveillance intéressée et des vues égoïstes, pourvu que le donateur, tout en poursuivant un but plus éloigné, ait voulu directement enrichir le donataire, pourquoi une donation dictée par la reconnaissance des services rendus perdrait-elle son caractère ? Nous choisissons, parmi les arguments proposés par M. de Savigny, celui qui nous frappe le plus : « Si l'on nie l'existence de la donation, dit le savant jurisconsulte, il faut nécessairement admettre un *datum ob causam ;* dès lors, en cas d'erreur, il y a lieu à restitution, en vertu d'une condiction ordinaire. La condiction devrait avoir lieu également quand la chose a été donnée en vue d'un évènement futur, par exemple en vue d'obtenir un présent ou la bienveillance d'une personne, et que cet espoir a été trompé ; or, en pareil cas, la condiction est formellement déniée (1). Elle l'est

(1) L. 3, § 7, de condict. caus. dat.

aussi quand la donation rémunératoire a pour motif une croyance erronée (1). De tout cela il résulte que, dans ces deux cas, le droit romain ne voit pas un *datum ob causam*, mais une donation véritable, car il n'y a d'alternative possible qu'entre les deux espèces d'actes juridiques (3). »

Mülhenbruch (§ 445), tout en partageant l'avis de M. de Savigny sur la nature de la donation rémunératoire, et son assujettissement aux règles ordinaires des donations, en excepte pourtant, et beaucoup d'auteurs avec lui, la révocation pour cause d'ingratitude. Deux textes du jurisconsulte Paul, la loi 34, § 1, de donat D, et le § 5 du liv. v, t. II des Sentences, conçus l'un et l'autre dans les mêmes termes, sauf une légère différence qui s'explique historiquement, semblent en effet trancher la question en faveur de l'irrévocabilité ; l'un surtout paraît bien formel : « *Hæc donatio irrevocabilis est,* » dit-il. Nous ne nous laisserons pourtant pas séduire par cette théorie ; car, au lieu de voir une règle dans les deux textes qui la confirment, nous n'y voyons qu'une exception à une règle. Dans l'espèce prévue par Paul, c'est en récompense d'un service inappréciable que la donation a été faite : le donataire avait sauvé la vie au donateur. La grandeur du service rendu explique que la donation soit maintenue après le délit d'ingratitude, de même qu'elle était exemptée des restrictions de la *lex Cincia,* quand ses dispositions étaient encore en vigueur. Mais le fait de sauver la vie est tellement spécial, qu'on ne saurait

(1) L. 65, § 2, de cond. indeb.

(2) De Savig., traité de dr. rom., § 153.

étendre la décision de la loi 34 à aucun autre motif de reconnaissance, surtout en présence de la généralité des termes de la constitution 10. « Generaliter Saucinius *omnes* donationes, lege confectas, firmas, illibatasque manere si non donationis acceptor ingratus circa donatorem inveniatur. »

La donation *sub modo*, c'est-à-dire faite sous condition d'une prestation soit en faveur du donateur lui-même, soit en faveur d'un tiers, est également soumise à la révocabilité; cela n'est pas douteux, et nous savons que l'une des causes d'ingratitude est l'inaccomplissement du *modus*. Dans cette hypothèse où le donataire a manqué volontairement à ses engagements, il a le choix entre deux actions, l'action révocatoire ordinaire, et la condition *ob causam datorum*, qui à la différence de la première se transmettait aux héritiers activement et passivement (1). Il y avait même un cas où le donateur, outre l'action personnelle, la *condictio*, pouvait employer une *rei vindicatio utilis*: c'était le cas où le donataire refusait au donateur les aliments auxquels le contrat lui donnait droit (2). Mais cette dérogation doit se restreindre à l'inexécution de la charge alimentaire.

Il est inutile de dire qu'il ne pouvait être question de révocation pour cause d'ingratitude à propos des donations qui étaient révocables au gré du donateur, comme les donations entre époux et les donations à cause de mort. Cependant une *mortis causa donatio* pouvait être faite avec renonciation de la part du

(1) L. 3, L. 8, C. de cond. ob caus.

(2) Liv. 1, C. de donat. quæ sub modo.

donateur au droit de révoquer. Cette clause spéciale qui mettait obstacle à une révocation arbitraire n'empêchait pas, bien entendu, la révocabilité pour ingratitude.

2e PARTIE.

DES PRINCIPES GÉNÉRAUX

DE

L'ANCIEN DROIT FRANÇAIS

EN MATIÈRE D'INDIGNITÉ ET D'INGRATITUDE.

CHAPITRE I.

Indignité.

L'ancien droit français accepta la théorie romaine de l'indignité, mais non sans lui faire subir de graves modifications ; c'est sur ces changements que nous devons porter notre attention, tant à cause de l'intérêt historique qui s'y rattache, qu'en raison des dispositions analogues ou contraires qui sont écrites dans le code Napoléon. La comparaison entre deux législations dont l'une a précédé et l'autre suivi n'est jamais inutile. Là se trouvent souvent les éléments de solution des questions controversées.

Dans l'ancienne jurisprudence, les causes d'indignité n'étaient point limitées comme en droit romain ; le juge en cette matière jouissait d'un pouvoir discrétionnaire, et déclarait un héritier indigne, s'il lui semblait avoir mérité cette peine. Toutefois Lebrun (1) et Pothier (2) attestent que l'on regardait

(1) Successions, Liv. 3, ch. 9, n° 15.

(2) Successions, ch. 1, § 2.

comme causes d'indignité toutes les causes d'exhérédation mentionnées dans la nov. 115, ch. 3 ; nous renvoyons là-dessus à la compilation justinienne.

Le meurtrier du défunt était indigne au premier chef de lui succéder ; mais c'était le crime lui-même et non la condamnation qui entraînait l'exclusion. Le défaut de poursuites pendant le temps requis pour la prescription de l'action publique, tout en mettant le coupable à couvert de la peine corporelle, ne l'empêchait donc point d'être exclu de la succession. L'homicide même excusable ne trouvait pas grâce aux yeux de Lebrun. « Ce serait, dit-il, un trop dangereux exemple ; et d'ailleurs il y a toujours eu faute de sa part, ou pour provocation ou pour trop peu de modération (1) ; » il est vrai qu'Espiard, son annotateur, modifie cette décision absolue pour le cas où l'héritier « a mis dans sa défense une raisonnable modération ; le surplus est un malheur qui ne doit pas le rendre indigne. » Mais il n'en reste pas moins acquis que, d'après l'ancienne jurisprudence, l'excusabilité du meurtre ne faisait pas disparaître l'indignité.

L'exclusion atteignait aussi l'héritier qui n'avait pas dénoncé le meurtre dont le défunt avait été victime. Cette nécessité d'avertir la justice du crime commis remplaçait le devoir de la vengeance imposé par la loi romaine, et la modification tenait à l'institution du ministère public inconnu des Romains. Il ne suffisait pas néanmoins d'une simple dénonciation de l'héritier ; il devait encore se porter partie civile

(1) Lebrun, L. 3, ch. 9, n° 2.

au procès criminel (1). Nous verrons que le code Napoléon s'est montré moins exigeant. Déjà, sous l'ancien droit, il était admis que la parenté avec le meurtrier à un proche degré était un motif équitable et moral de ne pas punir l'héritier faute de dénonciation. La dispense existait entre parents en ligne directe et même entre époux. Maynard rapporte en ce sens un arrêt du parlement de Bordeaux du 7 février 1608 (2). Mais l'exception n'avait point été étendue en ligne collatérale.

Au reste, en dénonçant le meurtre, le successible ne s'engageait d'aucune manière; il n'était point censé acceptant ; le devoir qu'il remplissait n'étant qu'un devoir de reconnaissance envers la victime ; il en devrait être encore de même aujourd'hui.

L'exclusion des indignes était à la merci de l'offensé, qui pouvait par le pardon rendre au coupable son droit de succession intact. On voyait même une remise tacite de l'injure dans l'écoulement d'un laps de temps considérable, depuis que le *de cujus* en avait eu connaissance (3). Cependant Lebrun (loc. cit.) apporte un tempérament à cet effet ordinaire de la réconciliation pour l'hypothèse où l'héritier a été la cause criminelle de la mort, « auquel cas, dit-il, il est de l'intérêt public, que l'on n'adhère pas à l'affection paternelle, ni à la clémence du défunt, qui aura pardonné sa mort à son héritier. »

Quant aux effets de l'indignité, une transforma-

(1) Rousseau de Lacombe, v° Indignité, n° 1.

(2) Mayn., Notab. Quest. de dr. écrit.

(3) Lebrun, livr. 3, ch. 9, n° 15. — Poth., ch. 1, sect. 2, art. 4, § 2.

tion presque complète s'est opérée : la fiscalité a disparu ; plus de confiscation ; les biens enlevés à l'indigne passent à ses cohéritiers ou aux héritiers du degré subséquent (1), sauf un cas exceptionnel, celui où l'indigne est exclu pour meurtre : la ligne directe du meurtrier était alors exclue comme le meurtrier lui-même.

Le titre d'héritier n'étant plus indélébile, ne survivait pas à l'exclusion ; ainsi la persistance de la confusion des droits actifs de l'indigne n'avait plus de raison d'être ; on ne doit donc pas s'étonner si tous nos anciens jurisconsultes ont considéré cette vieille règle romaine comme surannée et abolie ; ils croyaient avec raison que l'indigne était assez privé par la perte de la succession, sans avoir à subir d'un autre côté une perte dans ses biens personnels.

De ce que les causes d'indignité n'étaient pas déterminés législativement, il résultait forcément que l'exclusion ne pouvait pas avoir lieu de plein droit. L'héritier devait être déclaré indigne par sentence du juge : de ce jour-là seulement il n'avait plus le titre d'héritier, et en conséquence les actes de dispositions qu'il avait faits antérieurement sur les biens héréditaires ne pouvaient pas être attaqués. Mais il était obligé de tenir compte du prix des ventes à ceux qui venaient en son lieu et place ; car il ne devait retirer aucun profit de l'hérédité.

Terminons l'exposé de ces principes généraux en avertissant que par une rigueur excessive les enfants étaient punis pour la faute de leur père, au moins

(1) Lebrun. — Poth. loc. cit. — Bacquet, du Droit d'Aub., part. 3, chap. 25.

en cas d'indignité pour homicide; dans les idées anciennes, on ne pouvait pas imaginer que le crime du père lui fût infructueux quand il profitait actuellement à ses enfants (1). La jurisprudence était entrée dans cette voie, et plusieurs arrêts avaient été rendus en conformité avec cette doctrine. L'un surtout, celui de 1665, connu au palais sous le nom d'arrêt *La Morineau*, accuse nettement les tendances des tribunaux. Cependant Pothier dit que cette opinion paraît souffrir quelque difficulté; peut-être est-ce ce doute élevé en faveur des enfants qui a inspiré l'art. 730 aux rédacteurs du code Napoléon.

CHAPITRE II.

Ingratitude.

La révocation des donations pour ingratitude s'était modelée à peu près, dans notre ancien droit, sur la théorie romaine en cette matière. L'application de la constitution de Justinien *de revocandis donationibus* était généralement reconnue, et les mêmes causes d'ingratitude admises; nous n'en reproduirons pas la liste; mais nous ferons quelques observations sur des questions que la pratique de l'ancienne jurisprudence avait soulevées, et qui peuvent être encore intéressantes sous l'empire du droit actuel.

Au nombre des causes de révocation se trouvaient les injures graves : on s'était demandé si la donation n'était révocable que dans le cas d'imputation

(1) Lebrun, Liv. 3, ch. 9, n° 6.

calomnieuse, ou bien si elle l'était même dans le cas où les propos injurieux répandus contre le donateur ne constituaient qu'une simple médisance. Ricard (1) n'hésitait pas à dire « que ce qui est faussement controuvé contre l'honneur du donateur n'est pas seulement ce que l'on appelle injure : ce que le donataire va réveiller de ce qui s'est passé, à dessein de désobliger son bienfaiteur, passe aussi au même rang, vu que la vérité en cette rencontre ne nous blesse pas moins que ce qui est faux, et il suffit, pour former l'ingratitude du donataire, qu'il ait été dans sa pensée d'outrager le donateur par son action, et en cette occasion nous regardons plus au cœur qu'à l'extérieur, puisque l'ingratitude est un vice de l'esprit et de l'âme. » Pothier, au contraire, ne donnait le pouvoir de révoquer la donation qu'aux injures graves ayant un caractère calomnieux, ou du moins il inclinait fortement à cette opinion (2). De quel droit viendrait se plaindre l'individu dont on a médit? On lui enlève la réputation dont il jouit! mais cette réputation il est indigne de l'avoir, puisqu'il ne la mérite pas. La loi romaine paraît même dans ce sens (3).

Quant à l'inexécution des charges, on ne la considérait que comme une cause d'ingratitude, et non comme un chef spécial de révocation; mais elle ne fonctionnait point d'une manière aussi large que dans le droit romain : d'après la const. 10, l'inaccomplissement des conditions donnait lieu à l'action

(1) Chap. VI, sect. II, nº 693.

(2) Poth., Traité des donat., sect. III.

(3) L. 18, D. de injur.

révocatoire, soit que la condition eût été rédigée par écrit, soit qu'elle ne l'eût pas été, car elle était obligatoire dans les deux cas; mais l'ord. de Moulins défendant la preuve testimoniale contre le contenu aux actes, le donateur, en France, aurait vainement allégué que le donataire refusait d'exécuter une clause purement verbale; car la preuve de sa prétention étant légalement impossible, le donataire ne pouvait pas être déclaré ingrat. La question est discutée avec soin par Ricard, qui réfute victorieusement les objections que soulève sa décision (1).

Un autre point remarquable encore, c'est l'absence de limitation précise dans les causes de révocation : « Plusieurs pensent, dit Pothier, que ces cinq causes énoncées dans la loi ne doivent pas être regardées comme les seules qui puissent donner lieu à la révocation; qu'il peut y en avoir d'autres, qui sont laissées à l'arbitrage du juge, lequel estimera si elles contiennent une aussi grande ingratitude que celles énoncées dans la loi (2). » C'est ainsi que le refus d'aliments au donateur tombé dans la misère suffisait pour faire déchoir le donataire du bénéfice de la donation.

De même, si la libéralité avait été faite à un descendant, chacune des causes d'exhérédation devenait une cause d'ingratitude.

Signalons néanmoins le sentiment contraire de Dumoulin, qui proteste contre cette extension exa-

(1) Ricard, n° 694 et suiv.

(2) Poth., loc. cit.

gérée des cas de révocabilité (1). Mais cette opinion n'avait pas prévalu.

D'un autre côté, l'ancien droit était entré dans la bonne voie en exigeant, pour que la révocation fût possible :

1° Que l'ingratitude émanât du donateur lui-même; d'où il résultait que l'offense commise par le testateur, le père ou le gardien, et celle commise par le mari, ne nuisaient ni à l'enfant en tutelle ou en garde, ni à la femme mariée. Le mari et le gardien n'étaient pas même privés du droit de jouir des choses données, car ils n'avaient pas reçu cette jouissance *titulo donationis*;

2° Que l'offensé fût le donateur lui-même : l'offense faite à ses enfants ou à ses autres héritiers ne donnait donc point lieu à la révocation si elle n'avait été commise qu'après sa mort; dans ce cas, en effet, elle ne pouvait rejaillir sur lui, ni être censée faite à lui-même; mais la décision devenait au moins douteuse, en supposant le donateur encore en vie au moment du fait injurieux : n'est-ce pas lui qui est alors offensé dans la personne de ses proches? La règle romaine *Patitur quis injuriam non solum per semetipsum, sed etiam per liberos suos, item per uxorem suam* (2) conduisait à l'affirmative. Cependant Pothier voulait que l'injure fût excessivement grave, beaucoup plus grave que si elle eût été adressée directement au donateur (3).

Le principe de la révocation pour cause d'ingra-

(1) Dumoulin, sur le tit. des fiefs, § 43, g. 1re, quest. 37.

(2) Inst., de injur. § 2.

(3) Poth., loc. cit.

titude atteignait presque toutes les donations, les donations rémunératoires comme les autres, mais seulement jusqu'à concurrence de ce qu'elles excédaient les services rendus ; pour le reste, en effet, en supposant les services appréciables en argent, elles ne constituaient qu'un paiement. Quant aux donations mutuelles, Ricard soutenait leur irrévocabilité pour cause d'ingratitude ; pour lui, le don mutuel était moins une libéralité qu'un acte à titre onéreux (1). Mais un arrêt de parlement du 18 décembre 1714 avait fait justice de cette opinion, repoussée au reste par la majorité des auteurs.

La question était vivement débattue relativement aux donations faites aux époux par des tiers dans le contrat de mariage. Des auteurs étaient d'avis que ces donations ne pouvaient pas être révoquées pour ingratitude ; ils citaient en ce sens des lois romaines (2). Ils ajoutaient à ces textes que la donation en faveur de mariage est un véritable contrat à titre onéreux ; « sans elle, le mariage n'eût pas été contracté ; elle est en faveur des enfants du mariage ; il n'est pas juste qu'ils souffrent pour la faute de leurs parents (3). »

Les sectateurs de l'opinion opposée étaient plus nombreux (4). Ils répondaient d'abord que les deux lois citées étaient tout à fait étrangères à la question

(1) Ricard, chap. 5, sect. 5, Don mutuel.

(2) L. 24, C. de jure dot. — L. 69, § 6, D. de jure dot.

(3) Rouss. de Lacombe.

(4) D'Olive, liv. 4, ch. v. — Charondas, liv. II, rep. 53. — Delaurière, inst. contr., p. 218. — Ricard, n° 683.

proposée, et ensuite qu'il n'est point de faveur qui puisse couvrir l'ingratitude.

Mais aucun doute ne s'élevait sur la révocabilité des donations entre époux même faites par contrat de mariage ; pas de controverse à ce sujet ; les textes des coutumes étaient trop formels.

« Si la femme mariée de sa propre volonté par fornication laisse et abandonne son mari, ou, par jugement d'église par sa faute et coulpe, est séparée d'avec son mari, et ne soit depuis réconciliée à lui, elle perd son douaire (1). »

La coutume de Tourraine avait une disposition semblable : « La femme noble ou roturière, qui forfait en son mariage, perd son douaire, s'il y en a plainte faite en justice par son mari, et autrement n'en pourra l'héritier faire querelle après la mort du mari (2). »

C'était là le droit commun du royaume (3). La loi coutumière ne reculait même pas devant la révocation du douaire, pourtant si favorisé, tant la révocation des donations d'époux à époux était dans les idées et les habitudes de l'époque.

Nous utiliserons, en discutant la portée de l'article 959 C. Nap., les observations que nous venons de faire ; nous invoquerons, comme un argument puissant de l'interprétation que nous suivrons sur cet article, la distinction faite par l'ancien droit entre les donations d'époux à époux et celles faites par des étrangers.

(1) Cout. d'Anjou, art. 314.

(2) Art. 336.

(3) Poth., Douaire, n° 257. — Coquille, sur Nivernais, ch XIV, art. 6.

L'action révocatoire, assimilée à l'action d'injures, n'était donnée qu'au donateur lui-même, et non à ses héritiers, à moins qu'il n'eût intenté l'action de son vivant; et réciproquement, elle n'était admise que contre le donataire et non contre ses héritiers, sauf encore le cas où l'instance aurait été engagée avant la mort de leur auteur, car alors elle se continuait contre eux.

Mais on ne s'accordait point sur la durée de l'action en révocation. Dumoulin (1) et Furgole (2) voulaient qu'elle se prescrivît par trente ans seulement, parce qu'ils voyaient dans l'ingratitude une condition implicite du contrat, dont l'événement produisait une condiction qui n'avait pas une nature différente des autres actions personnelles, et qui, par conséquent, devait se prescrire par le même laps de temps. D'autres disaient que le donateur était tombé dans l'erreur en gratifiant un donataire qui s'était montré ingrat, en sorte que la durée de l'action devait être de dix ans comme celle des actions rescisoires; et fidèles au caractère qu'ils donnaient à l'action, ils exigeaient, pour faire tomber la donation, des lettres de chancellerie (3). Enfin suivant Pothier et Ricard, l'action en révocation n'était que l'accessoire de l'action principale à laquelle le donataire était exposé par suite du fait d'ingratitude, et se prescrivait par le même nombre d'années, vingt ans, si le fait était un crime, tel que l'attentat à la vie du donateur, un an s'il s'agissait d'une

(1) In consil. Paris, § 43, gl. 1.

(2) Test., ch. XI, sect. 1re, nos 172 à 176.

(3) Ferrière, préf. du tit. 13 de la Cout. de Paris, § 4, no 30.

simple injure verbale, trente ans si l'ingratitude résultait du défaut d'exécution des conditions prévues par le contrat. C'est ce dernier système qui avait prévalu.

Les effets de la révocation ne préjudiciaient point aux acquéreurs des biens compris dans la donation, si les acquisitions avaient été faites avant la demande en révocation. Mais le donateur n'avait-il pas une action en indemnité contre le donataire pour le dommage que les aliénations lui avaient causé? Dumoulin, dans son commentaire sur la coutume de Paris (1), le décidait ainsi, en obligeant le donataire qui avait vendu ou autrement engagé la chose donnée à en rendre le prix au donateur, parce qu'il n'est pas juste qu'ayant commis un crime qui emporte la révocation du bienfait qu'il avait reçu, il en retienne encore quelque avantage. Ce sentiment n'était pas celui de Ricard (2), qui se renfermait strictement dans les termes de la loi romaine, et soutenait que la seule restitution exigible était celle des biens restés en la possession du donataire, *quidquid ex titulo donationis tenet.*

Le même auteur n'admettait pas davantage l'idée de subrogation émise encore par Dumoulin à l'égard des choses qui auraient été échangées pour celles données ; il refuse donc au donateur le droit de les réclamer en cas de révocation.

Pothier, sur le premier point, est de l'avis de Ricard ; mais, sur le second point, il incline du côté de son adversaire (3).

(1) § 33, gl. 1, n° 57.
(2) Loc. cit., n° 717.
(3) Poth., loc. cit.

Si la chose avait été seulement engagée, le donateur demeurait à la vérité obligé envers les créanciers de son donataire; mais le donataire était tenu de lui procurer sa libération. Tout le monde, même Ricard, le reconnait; « car la chose donnée était toujours demeurée vers le donataire, il en avait toujours été le véritable possesseur, et l'engagement qu'il en avait fait était relatif à une obligation principale, laquelle demeurant particulièrement attachée à la personne du donataire, c'est lui qui la doit acquitter, et qui est tenu de décharger l'héritage, qui n'y était qu'accessoirement obligé. »

CHAPITRE III.

Félonie du vassal et déloyauté du seigneur envers son vassal.

Nous ne pouvons abandonner la matière de l'ingratitude dans notre ancien droit, sans nous arrêter quelque peu sur un sujet qui n'y est point étranger ; nous voulons parler de la félonie du vassal envers son seigneur, et réciproquement de la déloyauté du seigneur envers son vassal.

La relation féodale imposait des droits et des obligations. Le vassal devait fidélité à son seigneur, et le seigneur protection à son vassal, et le manquement à ces devoirs entrainait des conséquences analogues à celles qui se produisaient dans le droit privé, lorsque le donataire se montrait ingrat envers le donateur. C'est qu'en effet tout fief étant réputé dans l'ancienne jurisprudence fief de concession, le concessionnaire vis-à-vis du concédant pouvait être considéré comme une sorte de donataire.

On peut lire dans le titre 5, lib. 1, *de feudis*, une longue énumération des causes qui font perdre les fiefs, et les dispositions de la coutume d'Anjou sur ce point (1). Nous ne pouvons pas entrer dans le détail de ces différentes causes ; cet examen serait au reste inutile, les anciens jurisconsultes faisant observer que les causes d'ingratitude qui donnent lieu à la révocation des donations et qui sont rapportées dans la loi 10 du code *de revocand donat.*, peuvent être adaptées à la commise pour félonie (2). Nous remarquerons que les développements dans lesquels les vieux feudistes sont entrés à cet égard, et les décisions de l'ancienne jurisprudence, sont utiles à consulter même aujourd'hui pour l'interprétation de l'art. 955 C. N. ; les différents genres de délits, sévices ou injures graves sont analysés avec soin ; des hypothèses sont posées en grand nombre, et en général résolues avec le bon sens qui caractérise les judicieux esprits qui ont écrit sur le droit féodal ; cependant il faut tenir compte de la différence des temps et des mœurs. Un tribunal qui viendrait juger aujourd'hui qu'un délit de chasse ou de pêche dont le donataire s'est rendu coupable envers le donateur suffit pour la révocation de la donation, abuserait étrangement du pouvoir d'appréciation que lui laisse

(1) Cout. d'Anj., part. 5, *des cas auxquels le vassal perd son fief envers son seigneur.*

(2) Dumoulin. — Despeisses. — Pothier, traité des fiefs, n° 299. — Denizart, v° Félonie.

l'art. 955 à propos de la gravité du délit. L'art. 192 de la Cout. d'Anjou portait déchéance du fief pour le vassal qui aurait pêché dans les étangs de son seigneur, ou pris des lapins dans ses garennes.

La cinquième cause de révocation des donations pour ingratitude, d'après la constitution de Justinien, c'est, nous le savons, l'inaccomplissement des charges. Cette cause, comme les autres, était applicable aux fiefs, mais cette violation du contrat était désignée par un nom particulier, le désaveu. Désavouer son seigneur, c'était prétendre ne pas relever de sa seigneurie, c'était nier par conséquent le rapport féodal lui-même, c'est-à-dire la charge sous laquelle le fief avait été concédé.

La félonie, pour amener la déchéance du vassal, devait avoir été commise par ce vassal lui-même, nanti de cette qualité au moment de l'injure; en conséquence les auteurs décidaient que l'offense faite au seigneur par le fils aîné du vassal, quelque grave qu'elle fût, ne pouvait pas passer pour félonie, parce que le fils aîné n'était pas encore le vassal, en sorte que le seigneur ne pouvait pas refuser à ce fils, après la mort de son père, l'investiture du fief à raison de cette offense; mais Dumoulin et Pothier observent que le seigneur pouvait exiger qu'il lui fît réparation, et que le refus de cette réparation, depuis qu'il était devenu le vassal, serait une persévérance dans l'injure qui revêtirait alors le caractère de félonie.

L'injure faite, avant la tradition, par l'acheteur du fief au seigneur féodal, ne constituait pas non plus une félonie, en vertu du même principe: car l'acheteur n'était pas encore devenu propriétaire ; il n'avait qu'une action personnelle résultant du contrat : tout ce que le seigneur pouvait exiger, c'était après la tradition une réparation de l'offense commise. Mais, à l'inverse, le vendeur du fief subissait la peine de la félonie, quand même il n'aurait offensé le seigneur que depuis la vente, mais avant la tradition, parce qu'il n'était pas encore dessaisi de la propriété, et que la vassalité subsistait toujours à son égard. Nous laissons de côté les autres hypothèses analogues ; toutes se résolvent d'après cette règle : Pour qu'il y ait félonie, la qualité de vassal doit reposer, au moment du délit, sur la tête de celui qui le commet.

D'après une autre règle corrélative à celle-là, il fallait que l'offense eût été faite au seigneur lui-même, reconnu comme tel ; si donc elle avait été faite à l'usufruitier du fief dominant, ce n'était pas félonie ; car le seigneur est le nu-propriétaire, et non l'usufruitier. Nous dirons la même chose de l'offense commise contre le gardien, tuteur, ou autre administrateur du fief. Cependant l'injure pouvait être considérée comme faite au seigneur, quoiqu'elle ne lui eût pas été adressée personnellement, si elle avait été faite à dessein de l'offenser, *ad contumeliam patroni*.

Le vassal coupable de félonie envers son seigneur tombait en commise, c'est-à-dire que son fief était confisqué au profit du seigneur dominant. Mais la commise féodale n'avait pas lieu de plein droit ; il fallait qu'elle fût demandée en justice par des conclusions précises et que le juge l'eût prononcée ; le seigneur outragé n'avait donc qu'une action personnelle pour solliciter l'adjudication du fief, action analogue à l'action d'injures, et participant aussi de ses caractères. Elle s'anéantissait par le pardon accordé ou bien par la mort du seigneur. Toutefois il s'était élevé une vive controverse sur une question relative à l'étendue de l'intransmissibilité en cette matière. Lorsque le seigneur avait légué l'action de commise ou fait à quelqu'un transport de son vivant, le légataire ou le cessionnaire pouvaient-ils l'intenter après la mort du cédant? Dumoulin et Pontanus avaient décidé l'affirmative. Le seigneur, disaient-ils, en léguant ou cédant son droit de commise, a fait voir clairement qu'il n'entendait pas pardonner au vassal. La présomption de pardon résultant de ce qu'il n'a pas agi de son vivant étant détruite par le fait de la cession ou du legs, l'action peut être intentée. D'autres jurisconsultes rejetaient cette solution en niant le principe sur lequel elle repose. Suivant eux, ce n'est pas seulement la remise présumée de l'offense qui empêche que l'action survive à l'offensé; la commise a pour objet de venger une ingratitude scandaleuse; l'intérêt pécuniaire en jeu n'est qu'accessoire à cet objet; or, quand le seigneur n'existe plus, le scandale est bien diminué et la vengeance ne doit plus être autorisée. — Mais si le seigneur de son vivant avait commencé à agir, il n'était pas douteux que son héritier ou son légataire aient le droit de continuer l'instance; on appliquait le vieux principe romain que les actions qui s'éteignent par la mort, *lite contestata heredi et in heredem transeunt.*

La commise s'étendait à tout ce qui faisait partie

du fief comme fief : *omnia quæ sunt de substantiâ feudi sine unitate rei feudalis committuntur et non alia.* De cette règle découlait la décision de toutes les questions en cette matière. Ainsi l'on décidait que les alluvions réunies aux biens composant le fief et les édifices construits sur ces biens par le vassal ou ses auteurs revenaient au seigneur ; mais les meubles servant à l'exploitation du fief ne tombaient point en commise, parce qu'ils ne faisaient point partie du fief.

Les droits réels, consentis par le vassal avant sa félonie, étaient maintenus; cependant ce principe ne s'était pas introduit sans controverse. D'Argentré avait soutenu que ces droits étaient résolus par la commise, parce que le fief ayant été concédé à charge de fidélité, la félonie constituait une résolution *ex antiquâ causâ* de la concession féodale ; d'où il concluait à l'application du brocard : *Resoluto jure dantis, resolvitur jus accipientis.* Mais ce système ne prévalut pas. Toutefois la commise avait lieu au préjudice des créanciers chirographaires et des engagements purement personnels contractés par le vassal par rapport au fief; mais qu'arrivait-il lorsque ces créanciers soutenaient que le vassal s'était rendu coupable de félonie, pour leur ôter le moyen de se faire payer de leurs créances, en un mot en fraude de leurs droits? Ne devaient-ils pas avoir l'action révocatoire que les lois accordent contre tout débiteur qui aliène en fraude de ses créanciers? Cette action est donnée, en droit commun, contre ceux qui ont acquis à titre lucratif, quoiqu'ils n'aient point été participants de la fraude. Cependant le seigneur se trouvait à l'abri de tout recours; en effet, en exerçant la commise, il n'acquérait le fief en aucune façon; il reprenait seulement ce qui lui appartenait.

Ces principes, régissant la commise pour félonie, s'appliquaient également en général à la commise pour désaveu.

Le mot félonie désignait aussi la déloyauté du seigneur envers son vassal; il n'était pas plus permis au seigneur suzerain de manquer à son vassal, qu'à celui-ci de manquer à son seigneur suzerain. Cependant, lorsque le seigneur commettait félonie envers son vassal, il ne tombait pas en commise au profit du vassal; mais celui-ci était affranchi de la mouvance envers lui, et ne relevait plus que du suzerain du félon. C'est ainsi que par le traité conclu à Arras, l'an 1435, entre Charles VII et Philippe, duc de Bourgogne, Philippe fut personnellement déchargé de l'hommage pour les terres qu'il tenait de la couronne en réparation de l'assassinat du duc Jean, son père, sur le pont de Montereau. Denisart cite encore un arrêt du parlement de Bordeaux en vertu duquel la terre de Gemonzac, appartenant à la maison d'Aubeterre, fut affranchie de la mouvance de la sirie de Pons, pour relever du roi, parce qu'un seigneur d'Aubeterre, portant la foi et hommage au sire de Pons, avait été assassiné par l'ordre de ce dernier seigneur.

Remarquons que le seigneur déloyal ne perdait pas tous les droits qu'il avait sur le fief; il n'était privé que des droits qui lui appartenaient en tant que seigneur, tels que les droits de retrait féodal, de profits, de mutations, etc.; mais il conservait les servitudes et autres droits réels non seigneuriaux ; car encore une fois la perte qu'il éprouvait ne devait pas s'étendre au delà de sa dominance féodale, et de ce qui en faisait partie.

3e PARTIE.

DE L'INDIGNITÉ
ET DE L'INGRATITUDE
D'APRÈS LE CODE NAPOLÉON.

SECTION I.
INDIGNITÉ.

CHAPITRE I.

Différences entre l'incapacité et l'indignité.

L'incapacité et l'indignité ont été réunies par notre législateur dans un même chapitre (Chap II des Successions) et sous une rubrique commune : *Des qualités requises pour succéder*. Cependant, et avec beaucoup de raison, tous les auteurs s'accordent à distinguer l'indigne de l'incapable : celui-ci manque des qualités réquises ; il n'a jamais eu ni la vocation héréditaire, ni la saisine ; l'autre, au contraire, était parfaitement habile à succéder, mais il est *exclu* de la succession dont il a été saisi, et son exclusion est le résultat de torts dont il s'est rendu coupable envers le défunt. Voilà la différence sensible, matérielle pour ainsi dire ; mais cette différence consistet-elle seulement dans les mots et dans les causes qui produisent l'incapacité et l'indignité, ou bien, au contraire, entraîne-t-elle aussi des effets et des résultats tout différents. Nous avons vu qu'en droit romain la distinction était loin d'être purement nominale, que l'indigne se séparait profondément de l'incapable, puisque non-seulement il devenait héritier, mais encore il en conservait le titre indélébile, sans en avoir le profit, d'où ces conséquences remarquables : l'indigne remplissait son degré, faisait obstacle à l'héritier du degré subséquent ; la confusion qui s'était opérée en sa personne au moment de l'adition de l'hérédité, conservait ses effets, et enfin sa présence suffisait pour conserver le testament et faire valoir le legs et les affranchissements y contenus.

Mais, dans le droit actuel, il est évident qu'aucun de ces résultats ne sera produit par l'indignité. Où donc alors trouver la vraie marque distinctive que nous cherchons? En vain répète-t-on : l'incapable n'a jamais été saisi, tandis que l'indigne l'a été, mais la saisine lui a été enlevée ; car nous demanderons en quoi l'exclusion qui remonte au jour même de l'ouverture de la succession, en quoi la déchéance qui ne laisse à l'indigne aucun des avantages conférés par la saisine (art. 729), en quoi, disons-nous, cette exclusion et cette déchéance diffèrent-elles réellement de l'absence même de la saisine et du titre héréditaire?

La véritable différence, celle-là seule qui peut satisfaire ceux qui ne se paient pas de mots, consiste en ce que l'incapacité opère de plein droit, tandis que l'indignité a besoin d'être prononcée. Il suit de là qu'un héritier ne pourra être déclaré indigne que sur la demande des parties ayant pour cela qualité et dans les délais fixés par la loi ; l'incapacité, au contraire, pourra être opposée par tout intéressé, par cela seul que le titre d'héritier invoqué par l'incapable lui porte préjudice, et aucune prescription ne couvrira l'absence de ce titre.

Ce n'est pas tout, l'incapacité empêchant l'existence du droit, aucune transmission faite par l'incapable n'est efficace. Quant à la déchéance résultant de l'indignité, elle opère seulement la résolution du droit ; sans doute l'effet ordinaire d'une résolution est de remettre les choses dans le même état que si le droit n'eût jamais existé ; mais ce principe n'est rigoureusement vrai que dans les rapports entre les parties elles-mêmes ; il ne s'applique point vis-à-vis des tiers, quand la résolution est la suite d'une déchéance et constitue une peine ; or ce caractère pénal se rencontre dans l'exclusion de l'indigne ; aussi déciderons-nous que les aliénations des biens dépendants de l'hérédité faites par celui-ci doivent être maintenues.

Il y a, on le voit, entre une incapacité de plein droit et une déchéance qui a bsoin d'être prononcée, la même différence que celle qui existe entre une nullité proprement dite et une rescision. C'est une remarque judicieuse faite par M. Demante dans une savante dissertation sur la question que nous venons de traiter, et publiée dans la *Thémis* en 1825 (1).

(1) Themis, t. 7, p. 1.

CHAPITRE II.

Causes d'indignité.

Les causes d'indignité que nous avons vues si nombreuses dans le droit romain et laissées à l'arbitraire du juge dans l'ancien droit français, sont réduites à trois par le code Napoléon (1) ; il n'est donc pas permis d'étendre l'indignité hors de ces cas formellement prévus, et de prendre par exemple pour base les causes de révocation pour ingratitude (2).

§ 1.

Attentat à la vie du défunt.

Celui qui serait condamné pour avoir donné ou tenté de donner la mort au défunt est déclaré indigne. D'après ces expressions employées par l'article 727, on voit que la tentative est assimilée au crime lui-même; il n'est rien dit de la complicité; néanmoins il n'est pas douteux qu'on ne doive traiter le complice comme l'auteur principal du crime, puisque le code pénal les punit de la même peine; tous les auteurs sont, au reste, d'accord sur ce point (3).

Il ne faut pas croire, d'autre part, que quiconque a donné la mort soit nécessairement considéré comme indigne; l'homicide, pour entraîner l'indi-

(1) Art. 727. — (2) Art. 955-1046.
(3) Art. 59, C. pén.

gnité, doit avoir été commis volontairement, c'est-à-dire présenter le caractère de meurtre (1). Cela résulte des termes de la loi, dit M. Demante (2); car, si le fait qui a occasionné la mort ne tendait pas à la produire, on ne peut pas dire exactement que l'auteur de ce fait ait *donné* la mort, encore moins qu'il l'ait tenté; d'ailleurs une pénalité quelconque ne se conçoit pas si l'imputabilité fait défaut. Aussi aucune difficulté ne saurait-elle exister relativement à ceux qui, en donnant la mort, se trouvaient en état de démence, ou bien qui n'ont fait qu'obéir à une autorité légitime, comme l'exécuteur des hautes œuvres, ou user du droit de défense naturelle (3). Toutes ces personnes échappent à l'indignité; nous déciderons de même, dans le cas d'une condamnation, pour coups portés ou blessures faites volontairement, quand ces coups ou blessures, sans intention de donner la mort, l'ont cependant occasionnée (4).

A plus forte raison si l'homicide n'a eu lieu que par imprudence, ce qui n'entraîne qu'une peine correctionnelle (5), l'indignité ne sera-t-elle pas encourue; car l'auteur de l'homicide involontaire n'est puni que pour sa négligence ou sa maladresse, et non comme coupable d'avoir donné la mort.

Mais la question présente plus de difficulté si le

(1) Art. 295, C. pén.

(2) Cours analyt. du Code Nap., t. III, success., chap. II, § 33 bis.

(3) Art. 64, 327, 328, C. pén.

(4) Art. 309, C. pén.

(5) Art. 319, C. pén.

coupable a été déclaré *excusable*, comme provoqué au crime soit par des coups ou violences (1), soit par l'escalade ou l'effraction de clôtures (2), soit par l'adultère de l'épouse (3). Le meurtrier, malgré l'existence de l'excuse, sera-t-il déclaré indigne? Il y a divergence entre les auteurs. Contre le coupable, on invoque les termes de la loi : n'a-t-il pas été condamné pour avoir donné la mort au défunt! Sans doute la peine dont il est frappé n'est qu'une peine correctionnelle, mais il n'a pas moins commis le meurtre. Merlin, Rép. v° Indignité, n° 2, Favard de Langlade, loc. cit., Malpel, n° 42, Vazeille, n° 3, et Zacharie, sont de cet avis. En sa faveur, on dit qu'il vaut mieux s'attacher à l'esprit qu'à la lettre du code. Le seul héritier que la loi déclare indigne, c'est certainement celui qui est condamné véritablement et rigoureusement comme meurtrier, celui contre lequel on a prononcé la peine du meurtre, et non une simple peine correctionnelle. Ne serait-il pas bizarre qu'un individu, condamné aux travaux forcés pour coups et blessures ayant occasionné la mort sans intention de la donner, ne soit pas indigne, tandis que le meurtre excusable, dont la peine peut se borner à une année d'emprisonnement, entraînerait l'indignité (4)? Delvincourt (5) pense que les tribunaux devront, dans chaque af-

(1) Art. 321, C. pén.

(2) Art. 322, C. pén.

(3) Art. 324, C. pén.

(4) Chabot, n° 7. — Duranton, n° 93. — Poujol, n° 4. — Marcad., art. 727, n° 2. — Ducaur., Bonn. et Roust., n° 421.

(5) T. 2, art. 727.

faire, se décider d'après les circonstances. Cette dernière opinion doit être évidemment rejetée, parce qu'elle va directement contre l'intention du législateur, qui a voulu soustraire la matière de l'indignité à l'arbitraire dont elle était empreinte dans l'ancienne jurisprudence. Mais entre les deux autres solutions, le choix est difficile; l'une et l'autre ont pour elles des arguments puissants. Cependant nous nous rangerons à l'avis de Merlin, qui a pour lui, outre les termes de l'article, les traditions de l'ancien droit. Lebrun ne veut qu'en aucun cas l'homicide excusable succède : « Ce serait, dit-il, un trop dangereux exemple, et d'ailleurs il y a toujours eu faute de sa part, ou pour provocation, ou pour trop peu de modération (1) »

Les jurisconsultes, qui ne veulent pas que le meurtrier, dans ce cas, soit indigne, se préoccupent beaucoup trop du taux de la pénalité; le législateur ne nous paraît pas en avoir tenu compte, et la preuve c'est que personne ne soutient que l'admission par le jury de circonstances atténuantes empêche l'indignité, bien que ces circonstances permettent à la cour de réduire la peine du coupable aux travaux forcés à temps. Les rédacteurs du code ne se sont attachés, selon nous, qu'à ces deux considérations : l'héritier présomptif a-t-il commis l'homicide? l'a-t-il commis volontairement? Le fait et l'intention se trouvant réunis, ils prononcent l'indignité de l'auteur du meurtre : le meurtrier, quoique excusable, a donné la mort avec intention de la donner, il doit être indigne. Le système contraire,

(1) Des success., liv. 3, chap. 9, n° 2.

comme le remarque Lebrun, et ainsi que nous l'avons déjà dit, offre un danger incontestable : un successible avide, spéculant sur les passions de son parent, ne pourrait-il pas faire naître les circonstances qui rendent le crime excusable, par exemple se faire provoquer par des coups ou violences graves, ou encore s'arranger de manière à surprendre en flagrant délit d'adultère sa femme et son complice, quitte à lui à subir un emprisonnement qui ne pourra pas excéder cinq années, et qui peut n'être que d'un an (1) ?

La loi a voulu préciser le plus possible pour éviter des procès scandaleux, qui trop souvent suscités par la cupidité porteraient le trouble dans les familles ; aussi ne suffit-il pas que l'héritier ait donné ou tenté de donner la mort au défunt, il faut en outre que ce crime ait été constaté par une condamnation. En ce point, la théorie de l'indignité se sépare de la révocation des donations pour ingratitude. La donation est en effet révocable (2) si le donataire a attenté à la vie du donateur, sans que l'article exige que le coupable ait été condamné pour ce crime. En exigeant, dans notre hypothèse une condamnation, les rédacteurs ont entendu sans aucun doute exiger une condamnation pénale ; « car, dit M. Demante, si le même effet devait être attribué à une simple condamnation civile, il eût été plus simple de n'exiger aucune condamnation préalable, et de subordonner simplement l'exclusion à une constatation judiciaire. On ne voit pas en effet en quoi le jugement qui con-

(1) Art. 326, C. pén.
(2) Art. 955, C. N.

staterait le fait coupable, dans le but direct de l'exclusion, aurait moins d'autorité que le jugement qui, sur pareille constatation, condamnerait à des dommages intérêts (1). » Puisqu'une condamnation criminelle est nécessaire, il s'ensuit incontestablement que si l'accusé a été acquitté par le jury, ou absous par la cour, ou bien s'il est mort pendant les débats ou si l'action est prescrite, l'indignité ne sera point encourue. Une condamnation même par contumace suffirait pour servir de base à l'exclusion; mais bien entendu l'héritier cesserait d'être indigne si le jugement qui l'a condamné était anéanti, soit parce qu'il s'est constitué prisonnier, soit parce qu'il a été arrêté par la force publique (2) avant que la peine ait été prescrite; en sorte que ce ne sera jamais dans ce cas qu'après vingt ans que l'exclusion deviendra définitive.

Celui contre qui a été prononcée la peine du meurtre peut obtenir sa grâce ou prescrire sa peine; mais il n'en serait pas moins indigne; car le code s'attache au fait même de la condamnation, et non point au fait de subir la peine du meurtre. La prescription et la grâce remettent la peine, mais n'éteignent pas le crime.

§ 2.

Accusation capitale jugée calomnieuse.

Le second cas d'indignité est celui d'une accusation capitale portée contre l'individu aujourd'hui défunt, et jugée calomnieuse.

(1) Dem., Cours analyt. des succes., chap. II, n° 35 bis.
(2) Art. 476, C. pén.

Le sens du mot *accusation capitale* est controversé; quoique la controverse ne soit pas bien sérieuse, nous devons cependant nous en occuper, à cause de son importance et de l'autorité des jurisconsultes mêlés à la querelle. Delvincourt, Chabot et Favard ont enseigné que par accusation capitale il fallait entendre toute accusation grave, de nature à entraîner une des peines que le code pénal appelle peines infamantes (1), c'est-à-dire les travaux forcés temporaires, la détention, la réclusion, le bannissement et la dégradation civique, et ne pas en restreindre le sens à celles qui privent de la vie naturelle ou de la vie civile. Leur argumentation repose sur une fausse application d'une loi romaine, dont le véritable sens est de limiter la signification du mot *capitalis* (2), car il résulte de ce texte que les Romains ne considéraient comme capitales que les peines qui amenaient la perte de la vie ou de la cité; ils ont invoqué en outre la novelle 115, chap. 3; mais ils ont encore fait là une confusion impardonnable, puisque Justinien y traite de l'exhérédation et nullement de la déchéance pour cause d'indignité. Il est généralement reconnu aujourd'hui que la portée de l'expression, accusation capitale, ne va pas au delà d'une accusation dont l'effet doit être de retrancher le condamné de la société. Le législateur est présumé parler la langue usuelle, et donner aux mots la signification qu'ils ont d'habitude; or le dictionnaire de l'Académie appelle *capital* « le crime qui mérite le dernier supplice ou le supplice même. » Au surplus

(1) Art. 7 et 8, C. pén.
(2) L. 103, D. de verb. signif.

nous sommes, il ne faut pas l'oublier, en matière pénale, et il est de principe qu'en pareille matière l'interprétation est de droit restrictive.

Avant l'abolition de la mort civile, il était hors de doute que les accusations dont le résultat était une peine perpétuelle et la mort civile devaient être rangées parmi les accusations capitales, parce qu'il y avait comme une sorte d'assassinat juridique; mais depuis la loi du 31 mai 1854, qui supprime la mort civile, il peut s'élever une difficulté, que personne à notre connaissance n'a encore examinée. Va-t-on encore voir des accusations capitales dans les accusations tendant à des peines perpétuelles? Nous soutenons sans hésiter que l'art. 727 doit conserver le sens qu'il avait avant 1854; autrement en faisant condamner son auteur aux travaux forcés à perpétuité, on le placerait sous l'application de l'incapacité de donner et de tester, en sorte que l'héritier dénonciateur consoliderait par là son titre d'héritier ab intestat.

Tous les auteurs font remarquer l'inexactitude du mot accusation; les particuliers en effet n'accusent pas; ils sont seulement admis à provoquer une instruction, et par suite une mise en accusation au moyen d'une dénonciation proprement dite (1), ou d'une plainte s'ils se prétendent lésés (2). C'est donc au dénonciateur ou au plaignant qu'il faut appliquer le 2e alinéa de l'art. 727. Nous pensons du reste que l'on peut comprendre aussi sous le nom d'accusation

(1) Art. 30 et 31, C. inst. crim.

(2) Art. 63 et 66, C. inst. crim.

calomnieuse un faux témoignage porté en justice. Le faux témoin, en effet, s'il s'agit d'une affaire capitale, compromet la vie de son parent aussi bien et même mieux que le dénonciateur.

La dénonciation ne doit pas seulement être calomnieuse ; elle doit être *jugée* telle. Mais faut-il ici, comme dans le premier cas d'indignité, un jugement au criminel constatant la calomnie ? La raison de douter repose sur la différence de rédaction des deux premiers alinéas de l'art. 727. L'un exige une *condamnation* contre le meurtrier, l'autre *un jugement* qui qualifie l'accusation. Peut-être serait-on fondé à en conclure que le jugement sur ce point pourrait n'intervenir que dans la sentence même qui prononce l'exclusion sur la demande des héritiers ; d'autant mieux que la doctrine des articles 358 et 359 du code d'instr. crim. et 372 du code pén. empêchera souvent la condamnation du calomniateur ; car le *de cujus* calomnieusement accusé doit agir, sous peine de déchéance de son action avant le jugement, ou avant la fin de la session de la cour d'assises, en supposant qu'il connaissait celui qui l'avait dénoncé ; et s'il ne le connaissait pas, il n'a que trois ans pour former sa demande devant le tribunal correctionnel, car les délits (et la dénonciation calomnieuse en est un) se prescrivent par trois ans. Malgré ces graves considérations, nous inclinons plus volontiers vers l'opinion généralement admise qui exige un jugement au criminel, une condamnation contre le calomniateur, parce qu'elle met la disposition du premier alinéa en parfaite harmonie avec celle du second, et surtout à cause de la nature pénale de l'indignité qui force l'interprétation à n'en pas étendre la sphère d'application.

L'acquittement de l'accusé n'attache pas nécessairement le caractère de la calomnie à la dénonciation ; l'art. 358 c. instr. crim. suppose bien qu'il en est ainsi ; car, après avoir dit que si l'accusé a été déclaré non coupable la cour statuera sur les dommages-intérêts respectivement prétendus, il ajoute que l'accusé *pourra* aussi en obtenir contre les dénonciateurs pour fait de calomnie, et l'art. 360 réserve, même à celui qui s'était porté partie civile, le droit de s'opposer à la demande de dommages-intérêts par des fins de non-recevoir et des défenses au fond. Il a été jugé mainte et mainte fois en ce sens (1), et les auteurs sont d'accord là-dessus (2).

§ 3.

Négligence de l'héritier qui n'a pas dénoncé à la justice le meurtre du défunt.

L'héritier qui, en droit romain, devait venger la mort du défunt en se portant accusateur du meurtrier, n'est plus astreint aujourd'hui à une obligation aussi stricte, car, d'après nos usages, et Pothier le remarquait déjà (3), le soin de la vengeance du *de cujus* est remis au ministère public plutôt qu'aux héritiers. Ceux-ci n'ont que le droit de provoquer la poursuite par une plainte ou une

(1) Cass., 30 xbre 1813. — 23 mars 1819. — 23 mars 1821.

(2) Merlin, Répert., vº Réparation civile, § 2, nº 3. — Delvinc., t. 2, p. 13. — Duranton, t. 6, nº 107, etc.

(3) Poth., Succ., chap. I, sect. 2, art. 4, § 2.

dénonciation; mais le code, comme la loi romaine, voit dans leur abstention une indifférence coupable qu'il punit par l'indignité. L'héritier, s'il ne veut pas être indigne, est donc tenu de dénoncer le meurtre à la justice, mais il n'est pas obligé à plus; ainsi il n'est point forcé de nommer le meurtrier, de donner aux magistrats tous les renseignements qui sont à sa connaissance, et encore moins de se porter partie civile au procès.

La loi ne détermine pas le délai dans lequel l'héritier doit avertir la justice du crime, parce qu'en effet les circonstances peuvent varier beaucoup. La question de négligence est laissée tout entière à la décision des tribunaux. C'est à eux de décider si l'héritier a montré ou non une indifférence coupable. On sent bien au reste que la justice, instruite par la clameur publique ou les rapports de ses agents, a pu commencer l'instruction de l'affaire, sans que la déclaration postérieure faite par l'héritier doive nécessairement être considérée comme tardive. Il serait également insignifiant que cet héritier ait été prévenu par l'héritier du degré subséquent, si aucune négligence ne lui est imputable. Autrement, comme le remarque M. Duranton, l'hérédité deviendrait le prix de la course.

La dénonciation n'est imposée qu'aux héritiers majeurs : les mineurs sont présumés ne pas avoir l'intelligence encore assez développée pour comprendre l'obligation dont l'art. 727 déclare tenus les autres citoyens ; cette exemption toute de faveur doit être étendue sans difficulté aux interdits, en vertu de leur assimilation presque constante avec les mineurs (art. 509), et de cet axiome de droit : *ubi eadem ratio, ibi et idem jus ;* il est également hors de doute que l'état mental d'une personne, indépendamment de tout jugement d'interdiction, devrait être pris en considération, pour exclure toute idée de faute, s'il y avait lieu.

Mais il se présente la question de savoir si le mineur, après avoir atteint sa majorité, ou le faible d'esprit, quand l'interdiction a cessé, deviennent indignes s'ils négligent alors de dénoncer le crime, quand la justice n'en a pas encore eu connaissance. On a tenté de soutenir la négative en disant que prononcer l'indignité pour un simple défaut de dénonciation, c'était déjà une assez grande rigueur, et que l'interprétation ne devait pas chercher à étendre une semblable pénalité (1) ; mais cette doctrine ne peut pas prévaloir contre le texte de la loi, qui ne distingue pas, pour imposer la dénonciation à l'héritier majeur, si le meurtre a été commis pendant sa majorité ou sa minorité. Cet héritier alléguerait en vain qu'il a eu un droit acquis à la succession, puisqu'à l'époque du crime il était mineur, et par suite dispensé de dénoncer, et qu'il ne peut pas être dépouillé de ce droit par sa conduite postérieure, quelque blâmable qu'elle puisse paraître aux yeux de la morale. Car ce raisonnement, s'il était admis, conduirait à dire que l'héritier même majeur au moment du crime échappe à l'indignité, lorsqu'il n'en a eu connaissance que longtemps après qu'il a été saisi par l'ouverture de la succession.

Une autre exception est contenue dans l'art. 728

(1) Duc. Bonn. Roust., t. 2, n° 420.

en faveur des proches du meurtrier; le défaut de dénonciation ne peut pas leur être opposé. Cette sage disposition n'a pas besoin d'explication : le législateur n'a pas voulu placer les héritiers dans l'alternative fâcheuse ou de livrer au bourreau une des personnes qui doivent leur être chères, ou de perdre une succession en gardant le silence. La rédaction de l'article n'indique pas d'une manière claire quels sont ceux qui profiteront de sa disposition exceptionnelle. Le doute n'est pas possible pour les ascendants ou descendants du meurtrier, pour son époux ou son épouse, frères ou sœurs, oncles et tantes, neveux et nièces, ni même pour les alliés en ligne directe; mais on pourrait douter, en présence du texte, si la même faveur doit être étendue aux alliés collatéraux du deuxième et troisième degré. Cependant les interprètes adoptent cette extension sans controverse, en s'appuyant sur les discussions qui s'élevèrent à propos de la rédaction primitive de l'article. Le projet, en effet, ne comportait d'exception qu'en faveur des alliés en ligne directe, et les mots *alliés en ligne directe* se trouvaient après ceux-ci : *aux ascendants et descendants du meurtrier*. Mais le tribunat, dans le but de faire étendre le bénéfice aux alliés en collatéral, proposa : 1° de substituer aux mots *alliés en ligne directe;* le mot *alliés au même degré*; 2° de reporter ces mots à la fin de l'article (1). Il est évident que cette observation du tribunat fut accueillie, puisque les expressions par lui proposées ont remplacé les anciennes ; seulement ces nouvelles expressions, au lieu d'être

(1) Observ. du tribunat sur l'art. 11. Fénet, XII, p. 97.

mises à la fin de l'article, ont été, par inadvertance, mises au milieu, à la place même des anciennes. Ce qui confirme pleinement cette doctrine, c'est que ces mots, *alliés au même degré*, placés là où ils sont, n'ont aucun sens, puisque la dispense est accordée à tous les descendants et ascendants sans acception de degré.

Il nous reste à voir, relativement à cette exception, si elle sera bien efficace dans la pratique : l'héritier, pour jouir du bénéfice de l'art. 728, ne devra-t-il pas justifier qu'il se trouve au nombre des personnes auxquelles le défaut de dénonciation ne peut pas être opposé, et par conséquent, pour arriver à la preuve de son degré de parenté ou d'alliance avec le coupable, nommer ce coupable : en sorte que lui, qui n'était pas même obligé de dénoncer simplement le meurtre, va être obligé de déclarer quel est le meurtrier, s'il veut échapper à l'indignité. Ce résultat bizarre se présentera moins souvent qu'on ne pense communément, car il faudra, pour fonder l'exclusion sur le défaut de dénonciation, établir d'abord qu'il y a eu meurtre, car il n'y a guère, dit M. Demante, qu'un débat contradictoire avec le meurtrier, ainsi nécessairement révélé, qui puisse imprimer à l'homicide le caractère de meurtre. Mais, quelque rare qu'elle soit, l'hypothèse peut se présenter où il résultera de l'instruction judiciaire que la mort du défunt est un véritable meurtre, quoique le meurtrier soit encore inconnu ; l'héritier peut, dans ces circonstances, être convaincu de n'avoir pas ignoré le meurtre, et néanmoins de ne l'avoir pas porté à la connaissance de la justice; si, obéissant à des motifs généreux qui le sollicitent à garder le silence sur le nom du coupable, il ne prouve pas qu'il est dans l'exception de l'art. 728, il sera déclaré indigne. Si le meurtrier étant publiquement connu avant que le jugement ait acquis l'autorité de la chose jugée, la raison de taire son nom n'existait plus pour cet héritier, il pourrait certainement faire réformer la sentence en employant la voie soit de l'appel, soit de l'opposition. Mais, en le supposant condamné comme indigne par un jugement en dernier ressort, il ne lui resterait d'autre ressource que la requête civile; encore faudrait-il imaginer que le parent qui a fait déclarer l'indignité, savait aussi quel était le meurtrier et le sentiment d'honneur et d'humanité qui avait déterminé l'héritier exclu à se taire. Une telle conduite constitue, à n'en pas douter, un dol personnel, et par conséquent une ouverture à requête civile (1).

Lorsqu'à l'époque où l'action en déclaration d'indignité sera intentée, le meurtrier sera découvert, ou bien lorsqu'il sera mort, ou l'action publique prescrite, la disposition de notre article s'appliquera sans difficulté, car alors aucune considération n'empêchera l'héritier de justifier de son degré de parenté ou d'alliance avec le coupable.

(1) Art. 480, C. pr. civ.

CHAPITRE III.

Action en déclaration d'indignité. — Procédure.

§ 1.

L'indignité doit être prononcée par le juge.

Nous avons affirmé plus haut, en traitant des différences qui séparent l'indignité de l'incapacité, que l'indignité n'avait pas lieu de plein droit. La preuve de cette proposition réside pour nous principalement dans l'origine des règles sur la matière. Dans le droit romain, source première, nous avons dit bien des fois que l'indigne conservait son titre d'héritier, et que le bénéfice seulement lui en était enlevé pour être attribué au fisc. Cette attribution ne pouvait évidemment avoir lieu qu'en vertu d'une décision judiciaire constatant l'existence de la cause d'indignité. L'ancienne jurisprudence ne pouvait pas non plus admettre l'indignité, comme opérant de plein droit, si l'on considère que les causes qui rendaient les héritiers indignes étaient laissées à l'arbitraire des tribunaux. N'est-il pas probable que les rédacteurs ont entendu suivre ces errements de la législation précédente, puisqu'ils n'ont rien dit de contraire? Cette doctrine au reste est plus conforme au sens exact du mot *exclusion*, qui dans le langage ordinaire exprime plutôt l'idée d'expulsion que celle d'obstacle à l'entrée ; or, une expulsion doit être prononcée en justice, parce qu'elle constitue une peine et que toute peine a besoin d'être appliquée par le juge.

§ 2.

Conséquences du caractère pénal de l'action en déclaration d'indignité.

De ce caractère pénal de l'indignité, il résulte plusieurs conséquences qui sont importantes à noter.

1° L'action en indignité ne pourra jamais être dirigée que contre l'indigne vivant, car toute peine est personnelle à celui qui l'a méritée, et ne pourrait pas sans injustice atteindre ses successeurs qui sont innocents; ajoutons que l'art. 957 C. N. nous fournit un argument *a fortiori :* la loi s'est montrée, comme nous le verrons, plus facile pour la révocation des donations entre vifs, que pour l'exclusion à raison de l'indignité des héritiers; et pourtant le législateur n'est pas allé jusqu'à permettre de demander la révocation contre les héritiers du donataire décédé: d'où nous sommes autorisés à conclure, que l'exclusion de l'indigne ne pourra pas non plus être prononcée contre ses héritiers.

2° L'indignité est une peine d'une nature spéciale, puisqu'elle s'applique au profit des particuliers : les seuls intéressés seront donc aptes à agir : toute autre action devra être repoussée; en sorte qu'ils ont la liberté de laisser l'indigne paisible possesseur des biens de la succession.

§ 3.

Des personnes auxquelles l'action appartient.

Les seuls intéressés, avons-nous dit, sont admis à

faire déclarer l'héritier indigne, parce que l'intérêt est la mesure des actions. Les personnes qui ont intérêt sont d'abord celles qui sont appelées à concourir au partage de l'hérédité, ou qui l'auraient entièrement recueillie, au défaut de l'indigne, ne fussent-elles qu'au nombre des héritiers irréguliers. Les légataires universels pourraient aussi exercer l'action, si l'indigne demandait pour compléter sa réserve la réduction des libéralités testamentaires : car en faisant tomber la qualité d'héritier, ils feront disparaître celle de réservataire. Allons plus loin, des légataires à titre universel ou particulier, dont les legs entameraient la réserve et pourraient être réduits par cet héritier, auraient le même droit pour empêcher la réduction; enfin des donataires qui craindraient également cette réduction seraient dans le même cas. Nous ferons observer que ce droit d'agir en indignité cesserait pour ces donataires et légataires, si l'héritier qui viendrait à la place de celui qu'ils veulent faire déclarer indigne avait droit à la même réserve : cette circonstance, en effet, leur enlève leur qualité d'intéressés. Tout le monde est d'accord sur ces différents points; mais la controverse commence relativement aux créanciers de l'héritier qui viendrait à défaut de l'indigne : pourraient-ils exercer l'action à la place de leur débiteur? La majorité des interprètes décide contre eux. Le droit de faire prononcer l'indignité est, dit-on, un de ces droits exclusivement attachés à la personne du débiteur, dont l'art. 1166 leur interdit l'exercice; l'intérêt pécuniaire en jeu dans un tel procès n'est que secondaire ; l'intérêt moral domine ;

quand, pour éviter un scandaleux éclat, et par respect pour la mémoire même du défunt, l'héritier du degré subséquent garde le silence, il ne doit pas être permis à des créanciers de venir intenter l'action malgré lui. Favard de Langlade (1) et Vazeille (2) sont les seuls auteurs qui décident en faveur des créanciers.

§ 3.

Divisibilité de l'action en indignité.

Si l'indignité est une peine, elle ne l'est donc réellement que dans l'intérêt des parties; d'où il suit que les effets purement civils de cette peine appartiennent à chacun des cohéritiers qui les réclament et se distribuent entre eux à proportion du droit que chacun peut avoir à la succession. L'action, en un mot, se divise entre les cohéritiers. L'art. 1217, C. N., décide en effet qu'une obligation est divisible, lorsqu'elle a pour objet une chose qui dans sa livraison, ou un fait qui dans l'exécution est susceptible de division, soit matérielle, soit intellectuelle; or, l'action en indignité, lorsqu'il y a plusieurs héritiers derrière l'indigne, a pour objet le partage d'une succession évidemment divisible de sa nature. Chaque action partielle est donc indépendante des autres, de telle sorte que si l'indigne triomphe contre un des cohéritiers, il retiendra la part de celui-ci, quand même il succomberait vis-à-vis de l'autre cohéritier. Il a été jugé en ce sens par un arrêt de cassation du 14 déc. 1813, dont voici l'espèce en substance :

(1) V° Indignité, n° 11.
(2) N° 15.

Une veuve était accusée d'avoir malversé dans l'an de deuil; cinq héritiers du mari s'étaient réunis pour la faire déclarer indigne de recueillir les biens de ce dernier, et le tribunal de première instance avait refusé de prononcer l'indignité sous prétexte que la malversation n'était pas constante; sur l'appel interjeté par un seul des demandeurs, la cour de Montpellier, infirmant le premier jugement, lui avait adjugé toute la succession. Mais la cour de cassation reconnut que l'action en indignité était divisible; que tous les héritiers avaient usé de leurs droits par une action intentée en justice et suivie jusqu'à sentence définitive, qui avait irrévocablement fixé les droits de ceux qui ne s'en étaient pas rendus appelants, et que la sentence ayant passé à leur égard en force de chose jugée, leurs droits avaient passé entre les mains de l'indigne qui les leur avait contestés. En conséquence, l'arrêt de Montpellier fut cassé (1). Cette doctrine amène ce résultat bizarre, qu'un individu succédera pour partie et sera indigne pour le surplus; mais il n'y a là que l'application du principe de l'autorité relative de la chose jugée.

Nous avons supposé que tous les cohéritiers qui doivent venir à la place de l'indigne avaient formé l'action, mais il peut arriver qu'elle ne soit intentée que par un seul d'entre eux, les autres ne voulant pas se joindre à lui; dans ce cas, l'indigne ne sera-t-il exclu que de la part que peut prétendre l'héritier demandeur, ou bien sera-t-il exclu de la succession entière? L'arrêt de cassation précité admet dans ses considérants que le demandeur profitera

(1) Sirey, t. 11, 1re partie, p. 66.

de toute l'hérédité, et Delvincourt est aussi de cet avis. Mais nous préférons le sentiment de M. Marcadé, qui distingue s'il y a eu ou non renonciation à la succession par les cohéritiers qui n'ont pas agi. S'ils ont renoncé, le demandeur évincera complétement l'indigne en vertu du droit d'accroissement; mais s'ils n'ont pas renoncé, sa part héréditaire lui sera seule adjugée; car ceux qui ne réclament pas indiquent par leur inaction qu'ils entendent maintenir le statu quo, c'est-à-dire laisser la succession, dans la limite de leurs droits, dans la possession de l'indigne, sauf à eux à changer d'idée avant l'accomplissement de la prescription (1).

§ 4.

Compétence.

L'action en indignité malgré son caractère pénal est une action civile, car il s'agit d'un intérêt purement pécuniaire. En conséquence, la demande devra nécessairement être soumise aux tribunaux civils, et parmi les tribunaux civils, le tribunal compétent sera celui de l'héritier prétendu indigne ; car l'action est personnelle (2) et tombe sous l'application de la maxime *actor sequitur forum rei,* à moins que la question d'indignité ne s'élève incidemment dans un procès déjà engagé : Si par exemple dans une action en partage, l'un des héritiers est prétendu indigne par les autres, il sera statué par le tribunal saisi de la demande principale, c'est-à-dire par le tribunal de l'ouverture de la succession.

(1) Marcad., art. 728, n° VII.

(2) Art. 59, C. pr.

Nous croyons même que l'action dont il s'agit pourra être portée devant les tribunaux criminels, si l'indignité doit se baser sur une condamnation, et si la succession est déjà ouverte au moment de l'exercice de l'action publique.

L'action pour la réparation du dommage peut, en effet, être poursuivie en même temps et devant les mêmes juges que l'action publique; pourquoi n'en serait-il pas de même de l'action en indignité dont l'analogie avec l'action civile est incontestable? Il importe même qu'il en soit ainsi, car le court intervalle qui s'écoulera souvent entre la condamnation à mort du meurtrier du défunt et l'exécution ne laisserait guère le temps de faire prononcer l'exclusion du vivant du coupable. Mais bien entendu pour que la juridiction criminelle puisse statuer sur l'indignité, il faut que la succession soit déjà ouverte, car personne n'a qualité pour disputer le néant. Si donc le de cujus a survécu à l'assassinat dont il a été l'objet, la compétence du tribunal criminel, chargé d'appliquer la peine du crime, disparait forcément; la juridiction civile pourra seule déclarer indigne l'héritier après l'ouverture de la succession.

§ 5.

Comment s'éteint l'action en indignité.

On s'est demandé si le défunt, en pardonnant l'offense, avait pu empêcher l'exclusion de l'héritier; pour l'affirmative, il a été dit que le pardon accordé par le donateur au donataire effaçait l'ingratitude de celui-ci; que d'ailleurs le défunt a dû avoir le même droit que les héritiers venant à la place de l'indigne, lesquels, de l'aveu de tout le monde, peuvent virtuellement, en n'agissant pas, faire remise de l'offense commise contre le défunt, puisque l'application de la peine est laissée à leur discrétion; on a ajouté que la doctrine de Pothier était celle de l'efficacité du pardon (1). Nous remarquerons d'abord que la question ne peut se discuter que relativement au premier cas d'indignité. Elle ne se présente point pour le troisième, où il s'agit de faits postérieurs à la mort du défunt, et dans le second cas il est certain que l'offensé a la faculté de pardonner l'offense, puisque, pour la constituer, il faut une condamnation pour calomnie, qui ne peut être obtenue que par lui-même. Cette observation faite, nous rejetons la doctrine du pardon même pour le premier cas, attendu que les arguments sur lesquels elle s'appuie manquent complétement de force : il est vrai que la peine serait évitée par l'inaction des intéressés; mais c'est là un résultat qui ne repose pas sur l'idée de pardon; il se passe simplement ce qui a lieu pour les peines, objet de l'action publique, lorsque le ministère public n'agit pas. On ne peut pas, d'un autre côté, raisonner par analogie de ce qui arrive en matière de donation entre vifs : car le droit du donataire émane directement de la volonté du donateur, tandis qu'au contraire le droit de succession, dont il s'agit de priver l'indigne, est plutôt l'œuvre de la loi, qui ne fait qu'interpréter la volonté présumée de l'homme. Quant à l'argument qu'on tire de Pothier, il est loin d'être con-

(1) Poth., Successions, ch. 1, sect. 2, art. 4, § 2.

cluant si l'on considère que Lebrun (1) exceptait le cas où l'héritier avait été la cause criminelle de la mort du défunt, précisément le seul cas sur lequel la controverse existe aujourd'hui. Disons donc sans hésiter que le pardon accordé comme chrétien est inefficace pour couvrir l'indignité, mais reconnaissons le droit pour l'offensé de disposer par testament ou entre vifs en faveur du coupable dans la limite de la quotité disponible, car l'exclusion maintenue malgré le pardon ne peut être que celle de la succession *ab intestat*.

L'action en déclaration d'indignité est susceptible de prescription : si donc ceux auxquels elle appartient restent trop longtemps sans l'exercer, ils ne pourront plus demander la déchéance de l'indigne. Le délai après lequel cette action sera prescrite est celui de trente ans à compter de l'ouverture de la succession, car la loi n'ayant fixé aucun délai particulier, l'art. 2262 C. N. est applicable. L'analogie ne doit pas suffire pour étendre à l'action en indignité la disposition exceptionnelle de l'art. 1304 : cet article n'est relatif qu'à la prescription des actions en rescision *des conventions* ; l'action en indignité a bien pour objet une rescision, celle du titre d'héritier, mais elle ne rescinde aucune convention, puisqu'il n'en est point intervenu entre le défunt et l'indigne.

(1) Successions, liv. 3, chap. 9, n° 18.

CHAPITRE IV.

Effets de l'indignité.

§ 1.

Dévestissement de l'indigne.

L'indigne, avant la déclaration d'indignité, était propriétaire de la succession; il en avait été saisi; mais cette propriété et cette saisine lui sont enlevés rétroactivement : il est dépouillé par le jugement de tous les avantages qu'il avait recueillis; il n'en conserve aucun. Il doit même rendre, aux termes de l'art. 729, tous les fruits et revenus dont il a eu la jouissance depuis l'ouverture de la succession. Par fruits et revenus le code entend non-seulement les fruits naturels, mais aussi les fruits civils, tels que les loyers et fermages, les arrérages de rentes et les intérêts des capitaux placés. La disposition de l'article 729 est conforme en cela à la décision des articles 549 et 550, qui oblige le possesseur de mauvaise foi à la restitution de tous les fruits qu'il a perçus. Cependant, dans le troisième cas d'indignité, il pourra arriver que la mauvaise foi de l'héritier soit postérieure à l'ouverture de la succession, s'il n'a pas connu immédiatement le meurtre qu'il a négligé de dénoncer plus tard. Sera-t-il tenu de rendre même les fruits qu'il a perçus étant de bonne foi? Un auteur recule devant cette conséquence rigoureuse, sous prétexte que l'effet ne peut pas précéder sa cause, ni la punition frapper avant que la faute soit commise (1). Mais cette opinion est repoussée par le texte même de l'article, qui ne fait aucune distinction. D'ailleurs l'héritier, traité si sévèrement qu'il soit, n'a pas à se plaindre, puisqu'il se soumet volontairement à la peine qu'on lui inflige ; il était libre de l'éviter en dénonçant.

Quant aux intérêts des sommes qu'il a touchées en qualité d'héritier et qu'il n'a pas placées, en sorte qu'elles n'ont rien produit, on se demande s'il les doit aussi du jour où elles sont entrées dans ses mains ; la question est diversement résolue. D'un côté on invoque l'art. 1153, qui décide que les intérêts de sommes ne sont dus que du jour de la demande, excepté dans le cas où la loi les fait courir de plein droit ; or les partisans de ce premier système soutiennent que l'art. 720 ne contient aucune exception au principe général ; l'indigne n'est tenu de restituer que les fruits et revenus dont il a eu la jouissance ; puisqu'il s'agit de sommes non placées, il n'en a pas joui, donc il ne doit pas les intérêts, si ce n'est à partir de la demande (2). Delvincourt (3) et M. Duranton (4) décident, au contraire, que l'indigne doit les intérêts du jour où les sommes se sont trouvées à sa disposition. Autrement il pourrait recueillir et conserver quelque avantage de son titre d'héritier, ce que la loi ne veut pas tolérer ; ils cor-

(1) Marcad., art. 720, n° 2.

(2) Toullier, t. 4, n° 114 — Malpel, n° 56. — Demante, n° 38 bis.

(3) T. 2, p. 75.

(4) Sur l'art. 720, n° 1.

roborent leur opinion par l'appui que leur prête la loi 2 C. de his quib. ut ind. C'est à la première solution qu'il faut s'arrêter, car elle ne viole nullement le principe que l'indignité ne doit être profitable à l'indigne en quoi que ce soit, comme le prétendent les partisans du second système : l'indigne, en effet, n'a retiré aucune utilité des sommes dont il s'agit, puisqu'elles sont restées sans emploi dans ses coffres.

Il est hors de doute que l'indigne ne pourrait pas opposer la prescription de cinq ans, pour se dispenser de la restitution des fruits (1) : car cette prescription quinquennale n'a été établie que pour les débiteurs de prestations périodiques, dans la crainte qu'une trop forte accumulation d'arrérages ne les réduisit à la pauvreté ; mais elle n'est point applicable aux restitutions de fruits, et le principe *fructus augent hereditatem* oblige toujours le possesseur de l'hérédité qui est de mauvaise foi. Ce n'est qu'après trente ans, lorsque l'action en indignité elle-même sera prescrite, que l'héritier aura définitivement fait les fruits siens.

La règle que l'indigne ne doit profiter en rien de la succession dont il est exclu est tellement dans l'idée du législateur, qu'il lui interdit de réclamer sur les biens de cette succession l'usufruit légal accordé aux pères et mères sur les biens de leurs enfants (art. 730). Il faut supposer, pour que l'espèce se présente, que les enfants de l'indigne sont venus de leur chef à cette succession dont leur père est privé. Mais il ne faut pas étendre la décision à toute espèce

(1) Art. 2277, C. N.

d'usufruit légal, et déclarer que le père n'aura pas droit à l'usufruit du tiers des biens auxquels il ne succède pas en propriété, lorsqu'il est en concours avec un collatéral de l'autre ligne (art. 754). De même la femme déclarée indigne et mariée en communauté, à l'exclusion de laquelle succéderaient ses enfants mineurs, profiterait indirectement, par suite de son régime de mariage, de l'usufruit conservé par son mari.

L'exclusion de l'indigne est purement relative à la succession de l'offensé : le droit romain décidait ainsi, et telle paraît être aussi la doctrine du code Napoléon, malgré la tradition de l'ancienne jurisprudence. Le code prohibe en effet la recherche de l'origine des biens pour l'attribution des successions; en outre le système contraire aurait l'énorme inconvénient de rendre perpétuellement distinctes, à la honte d'une famille, des hérédités vraiment confondues d'après la maxime : *Hereditas adita, jam non est hereditas, sed patrimonium heredis ;* enfin il ne faut pas étendre la pénalité au delà des limites marquées par la loi.

De même, et toujours parce que la peine ne peut pas être étendue au delà des limites légales, rien n'empêche l'indigne exclu de la succession de son auteur de le représenter dans la succession d'un autre parent, car il n'est pas nécessaire pour représenter une personne d'avoir été son héritier; le droit de représentation est un droit propre, que le représentant n'acquiert point par transmission, mais qu'il tient directement de la loi. Ce point est constant.

Quant à la confusion des servitudes et des actions, qui persistait en droit romain malgré la confiscation de l'hérédité, elle n'existe plus chez nous, où elle manque de base légale ; déjà l'ancien droit en avait fait justice en posant en principe qu'il n'y a que la propriété incommutable qui engendre une confusion irrévocable. L'indignité fait donc revivre en faveur de l'indigne tous les droits qu'il avait contre la succession, et qui s'étaient momentanément éteints par la réunion sur sa tête des deux qualités de créancier et de débiteur ; et il en est de même réciproquement à l'égard des droits et actions que la succession avait contre lui.

Enfin l'indigne, étant censé n'avoir jamais été héritier en vertu de la résolution rétroactive de son titre, n'est plus passible des dettes du défunt.

§ 2.

Investissement des héritiers appelés à la place de l'indigne.

L'indigne étant dessaisi, la succession revient naturellement à ceux auxquels sa présence faisait obstacle ; les choses se passent comme s'il avait renoncé. Rien de plus simple que cet investissement lorsque les héritiers placés derrière l'indigne ne sont point ses enfants ; mais s'ils ont cette qualité, n'est-il point dangereux de ne pas les exclure, si l'on considère que la vue de leur intérêt suffira peut-être pour exciter leur père à commettre le crime ? Le père lui-même n'échappera-t-il pas souvent à l'exclusion qu'il a méritée, puisqu'il est peu probable que les enfants la demanderont contre lui, et que les héritiers plus éloignés se trouveront sans intérêt et sans qualité pour la faire prononcer ? Ces graves considérations avaient fait admettre à peu près généralement à nos anciens jurisconsultes et aux cours de justice d'avant 1789, que la faute du père devait nuire à ses enfants et les empêcher d'arriver à la succession dont il était écarté comme indigne. Mais le code a abandonné cette règle pour en suivre une plus équitable ; fidèle à la personnalité des peines, il n'a pas voulu punir des innocents, et l'art. 730 a établi que les enfants de l'indigne venant à la succession de leur chef, et sans le secours de la représentation, ne seraient pas exclus pour la faute de leur père. Ainsi Pierre est assassiné par Paul, son fils, dont l'indignité est prononcée ; les enfants de Paul l'indigne partageront la succession de Pierre leur aïeul avec les enfants de Jacques, leur oncle, qui est renonçant, car ces petits-fils sont tous parents du *de cujus* au même degré, et ils doivent avoir des droits égaux. Mais si Jacques, au lieu d'être vivant et d'avoir renoncé, était prédécédé, ses enfants s'empareraient de l'hérédité tout entière, parce qu'au moyen de la représentation ils se trouveraient au premier degré et devraient exclure les enfants de l'indigne, qui ne peuvent représenter leur père vivant.

Cette théorie est admise par tout le monde, lorsque l'indigne a survécu au *de cujus* ; alors impossibilité pour ses enfants de le représenter. Mais cette impossibilité existe-t-elle même quand le *de cujus* a survécu au coupable ? Voici l'hypothèse : Paul a porté contre son père une accusation capitale jugée calomnieuse, ou bien il a tenté de lui donner la mort et il a été condamné comme meurtrier ; il meurt, et son père qui décède quelques jours après lui laisse pour parents un autre fils, Jacques, et les enfants de son fils prédécédé ; ceux-ci peuvent-ils représenter Paul leur père et venir à la succession en concours avec Jacques leur oncle ? Cette question a donné naissance à deux systèmes opposés, que nous devons examiner en détail. Les partisans du premier repoussent la représentation dans tous les cas ; l'art. 730 paraît être en leur faveur, car, tout en reconnaissant le droit des enfants *à succéder de leur chef*, il ajoute : *et sans le secours de la représentation ;* il semble bien naturel de conclure de là que l'indigne même prédécédé ne peut pas être représenté par ses enfants, puisque le texte ne distingue pas.

La combinaison de cet art. 730 avec l'art. 744 fournit un nouvel argument favorable à cette doctrine. Puisqu'il est établi, comme règle générale, qu'on ne représente pas les personnes vivantes, pas plus les dignes que les indignes (1), la loi prenant soin de nous indiquer qu'on ne représentera pas un indigne, c'est d'un indigne qui n'est plus vivant qu'elle entend parler ; autrement sa disposition serait complètement inutile, puisqu'elle ne serait que l'application d'un principe général. Après avoir ainsi, au moyen d'une interprétation bien judaïque, extrait des textes tout ce qu'ils pouvaient en tirer, ces auteurs ont cherché un point d'appui dans les principes en matière de représentation : le représentant s'identifie avec le représenté ; les obligations imposées à l'un le sont à l'autre ; il subit les mêmes résolu-

(1) Art. 744.

tions de droit (1). Le fils de Paul, condamné pour avoir tenté de donner la mort au défunt, ou qui a porté contre lui une accusation capitale jugée calomnieuse, a donc en quelque sorte revêtu la personne de son père; il n'est plus le fils du condamné, s'il invoque la représentation, il est le condamné lui-même, et par conséquent il doit être déclaré indigne et exclu de la succession (2).

Malgré la solidité apparente de toute cette argumentation, ce n'est pas ce système qui prévaut aujourd'hui; le système opposé, en effet, est plus conforme à la saine doctrine et mérite à tous égards la préférence qu'on lui accorde; nous dirons donc avec Favard (3), Chabot (4), Toullier (5), et MM. Demante (6) et Marcadé (7), que rien ne devra s'opposer à ce que le coupable, même convaincu et condamné comme tel, mais mort avant l'ouverture de la succession, soit représenté par ses enfants.

La déduction logique des principes conduit inévitablement à cette solution : nous avons prouvé qu'un héritier ne pouvait être déclaré indigne qu'autant qu'il survivait au *de cujus*, mais qu'il ne pouvait être question d'indignité en cas de prédécès du coupable. S'il en est ainsi, l'on excipe en vain, pour exclure du bénéfice de la représentation, les

(1) Art. 848.

(2) V. en ce sens Merlin, — Delvincourt, — Duranton.

(3) V° succession, sect. 2, § 4.

(4) Art. 730, n° 1, et 744, n° 4.

(5) T. IV, 112 et 108.

(6) Cours analyt., 39 bis.

(7) Art. 730, n° 1.

enfants du coupable prédécédé, des mots *et sans le secours de la représentation* qui se trouvent dans l'art. 730 ; car on répondra que le prédécédé n'était point indigne, puisqu'il n'a point été jugé tel de son vivant, et qu'il ne peut plus l'être aujourd'hui qu'il est mort; par conséquent que ses enfants n'étant point enfants d'un indigne, l'article ne leur est point applicable. En vain les adversaires objectent-ils qu'avec notre opinion 730 fait double emploi avec 744; cette objection perd toute sa valeur, lorsqu'on voit si souvent le législateur faire lui-même à des cas particuliers l'application des règles qu'il a déjà établies, ou qu'il se propose d'établir. En veut-on la preuve? Aux termes de l'art. 787, les héritiers renonçants ne peuvent pas être représentés ; or n'est-ce point là l'application pure et simple du principe consacré par l'art. 744, à savoir qu'on ne représente pas les personnes vivantes? Au reste, on peut expliquer la rédaction de l'art. 730, en disant que les rédacteurs ont voulu, en admettant que la faute du père ne nuit point aux enfants, limiter expressément cette règle toute nouvelle, dans la crainte que par exagération on vint à soutenir qu'un héritier indigne pût être, quoique vivant, représenté dans la succession de l'offensé.

L'argument véritablement fort du premier système est celui qui repose sur l'identification de la personne juridique du représentant avec celle de représenté. Nous admettons volontiers que la représentation perpétue les obligations purement et rigoureusement civiles, mais nous nions la conclusion exagérée qu'on en tire, c'est-à-dire que le représentant soit soumis à l'indignité, parce que le représenté eût été, s'il eût vécu, déclaré indigne; les peines en effet sont personnelles à ceux qui les ont méritées; nos codes décident toujours en ce sens; l'art. 957 surtout consacre cette idée d'une manière bien positive en prohibant la révocation de la donation contre les héritiers du donataire ingrat; ressusciter fictivement une personne à l'effet de lui faire subir une peine serait une monstruosité juridique dans l'état actuel de notre législation. L'obligation de rapporter les choses données par le défunt à leur père que supportent les petits-fils qui succèdent par représentation (848), ne contredit en rien notre théorie, puisqu'il n'y a rien de pénal dans un rapport à succession.

Nous terminerons la discussion de cette importante question par deux remarques qui sont une nouvelle justification de l'opinion que nous venons de soutenir.

La loi suppose si bien la survie de l'indigne, que c'est lui qui dans le même article et dans la même phrase est privé de l'usufruit légal sur les biens que ses enfants recueillent dans la succession dont il est exclu.

Pothier en traitant de l'indignité s'exprime ainsi au sujet de la représentation. « Tout ce que nous avons dit touchant les enfants de l'exhérédé reçoit pareillement application à l'égard des enfants de l'indigne... C'est pourquoi on doit pareillement décider qu'ils ne peuvent succéder par représentation, *s'il est vivant,* mais qu'ils le peuvent, *s'il est prédécédé* (1). » N'est-il pas probable, qu'en excluant la

(1) Poth. Success., chap. 2, sect. 1, art. 1, § 2.

représentation, les rédacteurs du code, à l'exemple de Pothier, n'ont voulu l'exclure qu'autant que l'indigne avait survécu au *de cujus*. Nous empruntons cette dernière observation à l'ouvrage de MM. Ducaurroy, Bonnier et Roustain (1).

§ 3.

Maintien des aliénations consenties par l'indigne.

L'indignité opère la résolution du titre d'héritier soit pour le passé, soit pour l'avenir, vis-à-vis de ceux qui font exclure l'indigne, en sorte qu'à leur égard celui-ci est réputé n'avoir jamais été investi de l'hérédité ; mais en sera-t-il de même vis-à-vis les tiers qui ont traité avec lui, auxquels il a vendu des biens héréditaires, constitué des droits d'hypothèque ou de servitude ? Quant à l'avenir, la réponse est facile : puisque l'indigne est dessaisi par le jugement qui prononce l'indignité, il ne peut à partir de ce jugement conférer valablement aucun droit réel, car il n'est plus propriétaire ; et même pour le passé, relativement aux actes d'aliénation qu'il a faits, lorsqu'il n'était pas encore dessaisi, la validité paraît encore contestable. L'indigne, en effet, est dépouillé rétroactivement, comme si son droit se trouvait résolu ; or, en règle générale, nul ne peut transférer à autrui plus de droit qu'il n'en a lui-même ; on pourrait donc croire qu'en traitant avec des tiers, l'indigne ne leur a conféré que des droits résolubles. Cependant la doctrine contraire est unanimement

(1) T. II, n° 135.

admise, sauf une distinction proposée par Chabot, que nous repousserons tout à l'heure. Les auteurs, pour justifier le maintien de ces charges réelles antérieures à la déclaration d'indignité, argumentent du caractère pénal de l'exclusion subie par l'aliénateur ; il serait injuste que des tiers innocents des faits de l'indigne ne fussent pas maintenus dans leurs acquisitions ; d'autant mieux que les héritiers mêmes de l'indigne conservent l'hérédité, lorsque l'exclusion n'a pas été prononcée de son vivant ; à plus forte raison des ayants cause à titre particulier ne doivent-ils pas être responsables de ses fautes. Tel semble être en effet le système suivi par le code. L'indigne, avant d'être reconnu comme tel, était l'héritier réel, le vrai propriétaire ; son droit antérieur ne peut se briser et disparaître qu'autant que la loi viendra l'enlever expressément ; or l'article 720 le déclare bien résolu quant à l'indigne lui-même ; mais il n'étend pas jusqu'aux tiers les effets de la résolution. Nous trouvons encore un point d'appui dans l'art. 958, où il est établi que la révocation d'une donation pour cause d'ingratitude ne peut pas porter préjudice aux aliénations et constitutions de droits réels consentis par le donataire ingrat ; il est peu probable que le législateur ait voulu établir des règles différentes sur les effets de l'ingratitude et ceux de l'indignité, qui ont une si grande affinité dans nos lois.

Chabot, dans son traité des Successions, professe cette théorie (1) en ce qui concerne les actes à titre

(1) Art. 728, nº 25.

onéreux ; mais il la rejette pour les actes à titre gratuit, sous prétexte que la position des acheteurs est beaucoup plus favorable en droit que celle des donataires ; les premiers combattent pour éviter de perdre, et les seconds pour faire un gain. L'arbitraire de cette distinction est une fin de non-recevoir contre elle : où la loi ne distingue pas, l'interprète de la loi ne doit pas distinguer non plus ; c'est là une règle élémentaire en matière d'interprétation ; dans le silence du texte, il faut reconnaître ou la validité de tous les actes, ou la nullité de tous, indépendamment du caractère gratuit ou onéreux qu'ils présentent. Qu'importe au reste que l'acheteur *certat de damno vitando*, et le donataire *de lucro captando?* Ce n'est pas entre les deux acquéreurs, M. Marcadé le fait observer, qu'il faut établir la comparaison, mais entre l'acquéreur quel qu'il soit et celui qui prétend l'expulser. Or la position du donataire et celle de l'héritier qui remplace l'indigne sont à ce point de vue tout à fait identiques ; l'un et l'autre luttent pour faire un gain et non pour éviter une perte. La raison donnée par Chabot est donc insignifiante, et même elle tourne contre l'héritier, car l'avantage, à situation égale, doit être pour celui qui possède, et c'est le donataire qui a la possession dans l'espèce.

La capacité de l'indigne de disposer des biens héréditaires se rattache dans une certaine mesure à la capacité de l'héritier apparent. L'indigne n'est qu'un héritier apparent d'une nature spéciale; mais quelque parti qu'on prenne au sujet de la validité des dispositions faites par le possesseur d'une hérédité, qui n'était pas le véritable héritier, et les avis sont bien partagés sur la question, il est reconnu par tout le monde que les droits réels consentis par un indigne doivent être maintenus; la controverse n'atteint pas de telles transmissions, précisément à cause du caractère pénal de l'indignité qui empêche vis-à-vis des tiers l'application rigoureuse de la maxime: *Resoluto jure dantis, resolvitur jus accipientis.* Mais si l'on admet avec la jurisprudence que les actes de l'héritier apparent sont valables, l'on pourra appliquer à l'indigne les motifs sur lesquels on fonde cette validité.

SECTION II.

DE L'INGRATITUDE.

CHAPITRE I.

Du principe de l'irrévocabilité des donations entre vifs, et des exceptions qu'il comporte.

Si les conventions sont en général irrévocables, en ce sens que l'une des parties ne peut pas se dégager sans le consentement de l'autre, et si toute obligation contractée sous une condition qui en fait dépendre le lien uniquement de la volonté de celui qui s'oblige est nulle, il est cependant permis aux parties de stipuler que la convention pourra en certains cas être résolue unilatéralement, comme aussi d'en subordonner l'existence à une condition dont l'accomplissement dépend de la volonté de l'une d'elles. Il n'existe en pure théorie aucune raison pour s'écarter, en matière de donations entre vifs, de ces principes qui, d'après la nature des choses, semblent même plus spécialement applicables à des actes de pure libéralité. Aussi le droit romain les appliqua-t-il sans difficulté aux actes de cette espèce (1). Mais nos coutumes les ont rejetés quant aux donations entre vifs, en posant comme règle fondamentale la maxime *donner et retenir ne vaut* (2), qui fut encore consacrée plus tard avec toutes ses

(1) L. 37, § 3, de leg., 3° D.

(2) Cout. de Paris, art. 273. — Cout. d'Orléans, art. 283.

conséquences par les articles 15 et 16 de l'ord. de 1731. L'origine de cette règle ne peut s'expliquer que par le principe de conservation des biens dans les familles, qui fut, à vrai dire, l'une des bases fondamentales de l'ancienne jurisprudence française. Le droit de transmettre ses biens par testament avait été considéré comme un droit purement civil ; aussi n'avait-on pas hésité à le restreindre à l'égard des propres dans des limites fort étroites, afin de les conserver aux héritiers du sang. Mais on avait compris que le droit de disposer entre vifs en se dépouillant soi-même était un attribut naturel que la loi positive ne pouvait pas limiter sans violer les idées d'équité et de justice ; aussi reconnaissait-on aux particuliers le droit de se dépouiller de leur vivant de toute leur fortune. C'est pour contrarier cette faculté, qui parut dangereuse pour la famille, et en rendre l'exercice plus rare, qu'il fut établi « qu'aucun ne pût valablement donner, qu'il ne se dessaisît dès le temps de la donation de la chose donnée, et qu'il ne s'en privât pour toujours, afin que l'attache naturelle qu'on a à ce qu'on possède, et l'éloignement qu'on a pour le dépouillement, détournât les particuliers de donner (1). »

Les rédacteurs du code Napoléon se sont laissé séduire par l'influence de l'autorité historique et ont reproduit en d'autres termes la vieille maxime *donner et retenir ne vaut* (2), sans s'apercevoir que cette règle constituait un contresens législatif dans un code qui s'occupe médiocrement de la conser-

(1) Poth., des donat. entre vifs, sect. 2, art. 2.
(2) Art. 944 et 894.

vation des biens dans les familles, qui veut avant tout la division de la propriété, et surtout qui fixe la même quotité disponible pour les donations entre vifs et pour les testaments.

Quoi qu'il en soit, le principe de l'irrévocabilité existe encore et doit être entendu comme avant 1789 : d'où il résulte que les donations faites sous des conditions potestatives de la part du donateur ne sont pas valables ; mais des exceptions sont annoncées par la rubrique même de la sect. II du chap. IV, tit. II, liv. III : *Des exceptions à la règle de l'irrévocabilité des donations entre vifs* ; et dans cette section le législateur traite de trois causes de révocation des donations : 1° l'inexécution des conditions; 2° l'ingratitude du donataire; et 3° la survenance d'enfant au donateur. Les interprètes ont longtemps cherché et en vain en quoi et comment les causes révocatoires faisaient exception au principe de l'irrévocabilité entendu dans le sens que nous lui avons donné plus haut; car il n'apparait pas, à première vue, que les trois évènements qui exceptionnellement révoquent la donation entre vifs, aient rien de potestatif de la part du donateur. Cependant on est arrivé à la justification du langage employé par les rédacteurs du code, au moyen d'une explication ingénieuse; on a dit, quant à la survenance d'enfant, que si l'évènement est casuel de sa nature, il est néanmoins potestatif dans une certaine mesure, puisque le donateur peut s'abstenir de cohabiter avec sa femme ; et quant à l'inexécution des conditions et à l'ingratitude du donataire, bien que ces faits soient indépendants de la volonté du donateur, on a soutenu que la révocation dépend jusqu'à certain point de sa volonté, puisqu'il peut maintenir la donation si cela lui convient (art. 956).

Nous n'insistons pas sur ces préliminaires, qu'il suffisait d'établir, et nous arrivons à la cause de révocation qui rentre dans l'objet de notre thèse.

CHAPITRE II.

Des causes d'ingratitude.

L'art. 955 est conçu en ces termes :

« La donation entre vifs ne pourra être révoquée pour cause d'ingratitude que dans les cas suivants :

1° Si le donataire a attenté à la vie du donateur ;

2° S'il s'est rendu coupable envers lui de délits, sévices ou injures graves ;

3° S'il lui refuse des aliments. »

Les causes d'ingratitude sont donc au nombre de trois comme les causes d'indignité, mais il suffit de comparer l'art. 955 avec l'art. 727 pour reconnaître que la loi se montre plus facile lorsqu'il s'agit de révoquer une donation, que lorsqu'il s'agit d'enlever une succession à un héritier. Cette facilité plus grande a sa raison d'être dans plusieurs motifs : d'abord le donataire tient directement ses droits de la volonté du donateur ; il est donc obligé à plus de reconnaissance que l'héritier qui tient sa vocation de la loi (1), et s'il manque à ce devoir, il est plus coupable. D'un autre côté, le parent offensé peut se

(1) Grenier, Traité des donat., n° 212.

venger lui-même de son héritier présomptif en le déshéritant par un testament : pouvoir que n'a pas le donateur vis à-vis du donataire ; sans le secours de la loi, il n'aurait pu révoquer ce qui est irrévocable. Enfin il faut remarquer que l'indignité trouble l'ordre légitime des successions, et qu'au contraire la révocation fait revenir les biens à leur source. Tous ces motifs réunis ne sont pas de trop pour expliquer la différence, et on ne doit pas la rattacher seulement au premier à l'exemple de beaucoup d'auteurs (1), car on arriverait à cette conclusion que le meurtrier d'un frère est moins criminel que le meurtrier d'un donateur (2).

Les causes qui rendent un héritier indigne et les causes qui rendent un donataire ingrat étant dissemblables et prévues limitativement, on ne doit pas conclure des cas d'indignité aux cas d'ingratitude. Ainsi le donataire qui n'aura pas dénoncé le meurtre de son bienfaiteur, bien qu'il ait fait preuve d'une négligence coupable, ne pourra pas être déclaré ingrat ; et s'il porte contre lui une accusation capitale jugée calomnieuse (3), l'ingratitude sera encourue, non parce que le fait est un fait d'indignité, mais parce qu'il peut avoir le caractère d'injure grave.

On serait tenté, en rapprochant l'art. 955 de la constitution 10 C. de rev. donat., de croire que le code civil est plus indulgent que la loi romaine, puisqu'il n'énumère que trois cas d'ingratitude,

(1) Duranton, n° 555. — Poujol, n° 3, sur l'art. — Vazeille, cod. loc.

(2) Coin-Delisle, art. 755, n° 4.

(3) Art. 727, n° 2.

tandis que Justinien en avait établi deux de plus. Mais, si l'on examine attentivement les deux textes, on découvre que la sévérité est plutôt du côté de la loi française. Et d'abord le cinquième chef d'ingratitude prévu par la const. 10, l'itinéraire des conditions, reparait dans notre code comme cause particulière de révocation (1), le quatrième est remplacé par le § 1° de notre article, et il est certain que les termes du § 2° dans leur signification générale comprennent les faits déterminés par les trois premiers chefs de l'ancienne loi, et même bien au delà. Nous verrons en effet que les mots *délits*, *sévices et injures graves*, ont un sens élastique qui laisse beaucoup à l'appréciation du juge.

§ 1.

Attentat à la vie du donateur.

Le donataire qui pousse l'oubli du bienfait jusqu'à l'attentat contre la vie du donateur mérite que la donation lui soit enlevée ; aussi est-ce là le premier cas d'ingratitude prévu par le législateur. Mais que faut-il entendre par attentat à la vie ? La plupart des auteurs décident que la tentative en dehors des termes de l'art. 2 du code pénal est insuffisante pour entrainer la révocabilité ; ils n'accordent cet effet qu'à la tentative caractérisée, c'est-à-dire qui aura été manifestée par un commencement d'exécution, qui n'a été suspendue, ou qui n'a manqué son

(1) Art. 953.

effet que par des circonstances indépendantes de la volonté de son auteur (1), parce qu'alors elle est considérée comme le crime même. Cette doctrine n'est pas douteuse en matière d'indignité, où l'héritier doit avoir été *condamné* pour avoir tenté de donner la mort; car la condamnation ne peut avoir lieu qu'autant que le fruit incriminé rentre dans l'art. 2, C. P. Mais la question devient controversable en matière d'ingratitude, où l'attentat, indépendamment de toute condamnation criminelle, est une cause de révocation; aussi deux auteurs, M. Grenier (2) et M. Zachariæ (3), se sont écartés de l'opinion générale, et ont admis que le mot attentat ne devait pas être resserré dans la définition légale de la tentative, et qu'il suffisait que le donataire eût manifesté par ses actes l'intention non équivoque de donner la mort au donateur. De part et d'autre on se contente d'affirmer, sans motiver ou à peu près, la solution que l'on adopte; ce point de droit mérite cependant une plus sérieuse attention; car suivant le parti auquel on s'arrêtera, la donation sera ou ne sera pas révocable dans certains cas. Supposons, par exemple, que le donataire ait administré à son bienfaiteur un breuvage qu'il suppose par erreur contenir du poison; ce ne sera là qu'un délit manqué, qui ne tombera pas sous la répression de la loi pénale, car, pour constituer le crime d'empoisonnement, il faut cette circonstance matérielle que la substance employée ait été de nature *à pouvoir donner la mort*

(1) C. pén., art. 2.
(2) N° 212.
(3) § 208.

plus ou moins promptement (1). Faut-il voir dans cette hypothèse un attentat à la vie du donateur dans le sens de l'art. 955 ? Non, répond-on généralement ; oui, disent MM. Grenier et Zachariæ. Et c'est cette dernière opinion qu'il faut admettre malgré son isolement : nous allons tâcher de le prouver.

Si nous consultons d'abord le sens du mot attentat d'après son étymologie *(tentare ad)*, nous y voyons la tendance d'actes accomplis vers un but, en d'autres termes une entreprise non pas seulement projetée, mais commencée et dirigée vers une fin ; aussi dans notre droit pénal ancien l'attentat n'était-il pas autre chose que la tentative : les deux mots étaient employés comme synonymes. L'édit de 1682 disait au sujet du crime d'empoisonnement : « Ceux qui seront convaincus d'avoir *attenté à la vie* de quelqu'un par vénéfice et poison, en sorte qu'il n'ait pas tenu à eux que ce crime n'ait été consommé, seront punis de mort. » Avant 1789, la tentative et l'attentat n'étaient point emprisonnés dans une définition légale comme celle de l'art. 2 de notre code pénal, on distinguait plusieurs phases dans la progression d'actes successifs suivie par l'agent avant de consommer le crime : « La tentative ou l'attentat, sous la qualification de tentative éloignée, commençait dès les premiers actes de préparation, et ensuite, à mesure que l'agent, avançant dans son entreprise, en arrivait aux actes même d'exécution, elle était qualifiée de tentative prochaine ou très-prochaine (1). »

(1) Art. 301, C. pén.

(2) M. Ortolan, Elém. de dr. pénal, n° 1058.

Il appartenait au juge de déterminer si la tentative était très-prochaine, prochaine ou seulement éloignée, et d'atténuer la peine suivant l'éloignement du degré. Mais pour les crimes atroces, parmi lesquels était rangé l'assassinat, l'atténuation de la peine n'était plus permise; la tentative était punie comme le crime même. Le code pénal de 1791 suivit les errements de cette ancienne jurisprudence relativement à la tentative d'assassinat. « L'assassinat, quoique non consommé, sera puni de la peine portée en l'art. 12, lorsque l'*attaque à dessein de tuer* aura été effectuée (1). » On le voit, d'après cette législation, ce qui constituait l'attentat c'était l'attaque effectuée à dessein de tuer, et c'était aux tribunaux à décider quand cette attaque avait eu lieu. L'art. 15 du même titre relatif au crime d'empoisonnement consacre la même idée. Une loi du 22 prairial an IV vint donner une définition de la tentative, qui est passée dans le code pénal de 1810 et que la réforme de 1832 a laissé subsister; mais cette loi de prairial n'était applicable qu'aux crimes dont la tentative n'avait pas été prévue par le code pénal de 1791, en sorte que, pour punir l'assassinat ou l'empoisonnement non consommés, il n'était pas nécessaire que la tentative eût rigoureusement les caractères exigés par la définition de la nouvelle loi. Cette définition fut généralisée seulement par le code pénal de 1810 : à une époque où le code Napoléon était déjà rédigé depuis plusieurs années. De ces observations philologiques et historiques sur la signification du mot

(1) 2e part., t. 2, art. 13.

attentat, ne résulte-t-il pas clairement qu'il faut l'entendre d'une manière large, sans s'arrêter à l'art. 2 de notre loi pénale? Cette opinion devient plus évidente encore si l'on consulte la discussion au conseil d'État. « Le consul Cambacérès craint que la rédaction de l'art. 58 du projet ne donne point assez de latitude... Il pourrait arriver que ce mot *attentat* conduisît les tribunaux à ne prononcer la révocation que dans le cas où il y aurait *attentat formel* de la part du donataire, et qu'ils crussent que l'article ne s'applique point aux autres moyens par lesquels il aurait pu mettre les jours du donateur en danger (1). » Cette observation est la meilleure explication de l'intention des législateurs.

M. Coin-Delisle cite Furgole parmi les auteurs qui exigent qu'il y ait eu assassinat dans le sens de la loi criminelle, et invoque ainsi tacitement en faveur de sa solution l'autorité historique; nous ne contredisons pas le passage cité (2); mais il prouve plutôt en faveur de notre opinion, si l'on se rappelle ce que nous venons de dire au sujet de la signification du mot *tentative* dans notre ancien droit.

L'article 955 nous offre lui-même un dernier argument; d'après la doctrine générale, le § 1° était superflu dès le moment où l'on admettait la révocation pour cause de sévices, délits ou injures graves, car l'attentat à la vie du donateur est nécessairement un délit, puisque, pour rendre la donation révocable, il doit présenter les caractères de la tentative légale. Pour nous, au contraire, qui ne nous mon-

(1) Fénet, t. 12, p. 371.

(2) Furgole, Testam., chap. II, sect. I, n° 81.

trons pas aussi exigeants sur la nature de l'attentat, il était indispensable qu'il fût indiqué séparément.

Le n° 1 ne fait donc pas double emploi avec le n° 2 ; dans notre système, la rédaction de l'article est justifiée.

Il va de soi que pour qu'il y ait ingratitude, il faut nécessairement qu'il y ait eu volonté d'attenter à la vie du donateur, et volonté coupable. Ainsi la démence ou la légitime défense de soi-même rendent l'art. 955 inapplicable (1). Il en est de même dans le cas de mort ou blessure causée par imprudence ou par inobservation des règlements (2). Nous renvoyons à ce que nous avons déjà dit sur ce point en matière d'indignité.

Que dirons-nous du meurtre qui est excusable? C'est, par exemple, un mari qui tue sa femme surprise en adultère : l'intention de donner la mort existant sans contredit, et l'acte conservant, malgré l'excuse, un caractère délictueux, nous croyons, avec Merlin (3) et M. Troplong (4), que le mari perd son droit aux gains nuptiaux, et que tout autre meurtrier excusable perdrait également ses droits à la donation.

Le donataire, avons-nous dit, n'a pas besoin d'avoir été condamné pour que la donation devienne révocable à raison de l'attentat qu'il a commis : l'action en révocation pourrait donc être formée quand même l'action publique serait prescrite et après le

(1) C. pén., art. 64 et 328.

(2) Art. 319 et 320, C. pén.

(3) Répert., v° Gains nuptiaux.

(4) Des donat. entre vifs, n° 1309.

décès du donataire, mort avant la condamnation, mais après l'action intentée, à la charge de faire la preuve de l'attentat devant le tribunal civil.

§ 2.

Sévices, délits, injures graves.

« Ce chef, dit M. Coin-Delisle, comprend les atteintes portées à la propriété et à l'honneur (ajoutons, à la sûreté) de la personne : mais, dans l'application, il ne faut pas aller plus loin que la loi. Elle ne dépouille le donataire qu'autant que le fait procède de sa volonté et de l'ingratitude de son âme; outre le fait matériel, elle veut que le donataire s'en soit *rendu coupable envers le donateur ;* d'où il suit que de simples torts ou des faits blâmables en eux-mêmes, mais qui trouveront leur excuse dans un premier mouvement, dans des habitudes grossières, dans une évidente provocation de la part du donateur, n'entraîneront pas toujours la révocation (1). »

1° *Sévices.* Par le mot sévices, la loi entend les voies de fait, les mauvais traitements de tout genre qu'une personne exerce envers une autre. Les sévices constituent dans notre droit une cause de séparation de corps (2) et un cas d'ingratitude (3). Il ne faut pas en restreindre la signification aux coups volontaires prévus par les art. 309, 310 et 311 du code pénal, autrement les sévices rentreraient tou-

(1) Voir Coin-Delisle, art. 955-957.
(2) Art. 231, 306. C. N.
(3) Art. 955. C. N.

jours dans les délits ; ce mot désigne même les violences non qualifiées, que la loi ne punit pas, mais qui dénotent de la dureté d'âme chez celui qui s'y livre.

2° *Délits.* Les délits sont tous les faits ainsi qualifiés soit par le code pénal, soit par des lois spéciales. Ils peuvent s'adresser soit à la personne, soit à la propriété, et doivent présenter un certain caractère de gravité pour entraîner la révocation, car l'adjectif *graves* qui se trouve à la suite des termes *délits ou injures* se rapporte aux uns comme aux autres. Mais relativement aux atteintes portées à la propriété, pourrait-on s'attacher à des torts quelconques, ou bien faudrait-il exiger, avec la loi romaine, que le dommage causé fût considérable : *jacturæ molem ex insidiis suis ingerat quæ non levem sensum substantiæ donatoris imponat ?* Beaucoup d'auteurs décident qu'il convient, suivant le principe suivi par l'ancienne jurisprudence, de n'attribuer la révocation qu'à un préjudice qui aurait compromis les moyens d'existence du donateur, parce qu'en donnant au mot délit toute l'extension qu'il comporte en matière criminelle, les donations se trouveraient trop souvent révoquées, ce qui aurait l'inconvénient de rendre incertain le droit de propriété. Un arrêt de Paris du 17 janv. 1833 a fait l'application de cette doctrine. Nous ne pensons pourtant pas que telle ait été l'intention du législateur, puisqu'il ne s'est pas expliqué sur la quotité du dommage, il est plus logique, pour déterminer si le délit est grave, de s'attacher à la méchanceté du procédé, plutôt qu'au taux du préjudice éprouvé par le donateur ; l'ingratitude en effet est un phénomène psychologique résidant entièrement dans l'intention, et lorsque la loi s'explique vaguement sur la manière dont il doit se produire au dehors, on ne peut pas arbitrairement venir entraver le pouvoir discrétionnaire du juge. Le délit contre la fortune du donateur existant, quelque minime que soit la perte causée, le juge peut, en arbitrant le fait dans son ensemble, en pesant les circonstances, décider que le donataire est ingrat.

3° *Injures graves.* L'expression de la constitution de Justinien, *Ita ut in eum injurias atroces effundat,* était moins générale et semblait ne prévoir que les injures verbales ou écrites. Cependant, même sous l'empire de la loi romaine, et malgré le verbe *effundere,* l'usage de l'ancienne jurisprudence était de révoquer les donations même pour de simples faits injurieux (1) ; à plus forte raison, aujourd'hui que le texte de la loi est beaucoup plus élastique, doit-on reconnaître qu'un fait outrageant peut, sans être classé parmi les délits, autoriser la révocation, à titre d'injure grave. La publication d'un fait vrai, c'est-à-dire d'une simple médisance, suffirait, si elle entachait sérieusement la probité et l'honneur du donateur; nous avons signalé une dissidence sur ce point entre Pothier et Ricard, mais il vaut mieux se rallier à la doctrine de celui-ci, plus conforme aux devoirs que la reconnaissance imposait au donataire.

C'est encore aux tribunaux, bien entendu, qu'il appartiendra de décider si l'injure est suffisamment grave; ils ne devront pas tenir compte d'assertions

(1) Ricard, part. 3, n° 689.

même malveillantes, lorsqu'elles ne porteront aucune atteinte sérieuse à la réputation ; ils prendront en considération un mouvement de colère irréfléchi, des habitudes grossières, les circonstances du fait, la condition de l'offenseur et de l'offensé, en un mot leur pouvoir d'appréciation est sans limites.

L'injure grave a pu ne se produire qu'après le décès du donateur, avoir été faite en d'autres termes à sa mémoire. Est-elle alors de nature à être prise en considération? Pour soutenir qu'elle doit entraîner la révocation, on argumente des art. 1046 et 1047 ; on dit que le donateur s'étant dépouillé de son vivant, le donataire doit être traité au moins avec la même sévérité que le légataire. L'art. 1047, il est vrai, se borne à régler la durée de l'action, mais il suppose que le principe constitutif de l'injure a été établi ailleurs, c'est à-dire dans l'art. 1046. Or cet article renvoie à l'art. 955, donc l'art. 955 considère comme une cause de révocation l'injure faite à la mémoire du donateur ; seulement l'action est limitée à une année comme pour les legs. Cette opinion s'appuie encore sur ce qui avait lieu anciennement en France. « L'injure faite après la mort du donateur à sa mémoire, pourrait être assez atroce pour donner lieu à la révocation de la donation, » dit Pothier.

L'opinion contraire se soutient au moyen de la maxime : *odia restringenda ;* on ne peut pas, dit-on, appliquer une peine par analogie ; puis on invoque la nature de l'action révocatoire, qui, d'après l'art. 957, ne peut pas naître dans la personne des héritiers qui ne peuvent l'acquérir que par transmission, en succédant au droit qui s'était ouvert dans la personne du donateur. Enfin on insiste particulièrement, surtout M. Troplong, sur le danger de laisser les procès d'ingratitude à la discrétion des héritiers, et de faciliter ainsi les querelles d'héritier à donataire, déjà trop fréquentes et trop passionnées.

L'une et l'autre de ces décisions est soutenable ; cependant nous prendrons parti pour la première, qui nous paraît davantage dans les idées du code. Les rédacteurs, qui avaient Pothier sous les yeux en rédigeant les art. 955, 1046 et 1047, n'auraient pas manqué de dire, au moins dans la discussion, qu'ils s'écartaient de son sentiment, s'ils eussent entendu innover ; ce qu'ils n'ont point fait ; au contraire, la combinaison des articles précités conduit directement, quoi qu'on en dise, et sans raisonnement par analogie, à la révocation pour injure à la mémoire du donateur. Il est vrai qu'en règle générale le principe de l'action révocatoire est concentré dans la volonté du donateur, en sorte que ses héritiers n'ont l'exercice de cette àction que par transmission ; mais il y a exception dans le cas d'injure à la mémoire aussi bien en matière de donations entre vifs qu'en matière de testaments. Quant aux raisons tirées de la crainte de débats fâcheux et fréquents suscités par les héritiers, elles nous touchent peu, puisque le législateur n'a pas reculé devant ce danger pour la révocation des legs (1).

(1) Art. 1047. — Ce système est encore confirmé par les paroles prononcées par M. Jaubert, devant le tribunat.

Le rapporteur, parlant de l'ingratitude des légataires, s'exprime en ces termes : « Il est bien juste que les légataires soient punis

§ 3.

Refus d'aliments.

Le code a fait cesser la controverse ancienne sur l'effet du refus d'aliments au donataire, en déclarant d'une manière positive que le donataire serait alors considéré comme ingrat. Mais le donataire est-il tenu de la dette alimentaire dans tous les cas, par cela seul que le donateur est dans le besoin ? M. Duranton l'affirme (1), sous prétexte que rien ne peut affranchir celui qui a reçu un bienfait de montrer sa reconnaissance ; mais cet auteur s'est mépris sur l'esprit de la loi, qui ne peut pas commander des actes de reconnaissance et qui se borne à punir des actes d'ingratitude, et notamment le refus d'aliments ; or, est-ce les refuser que de n'en pas délivrer quand le donateur, quoique dans le besoin, a de proches parents qui sont obligés de lui en fournir (2) ? ou plutôt est-ce que le donateur qui a un époux, des enfants ou des ascendants en état de fournir à sa nourriture et à son entretien est réellement tombé dans l'indigence vis-à-vis du donataire ? D'ailleurs

de leur ingratitude. — Si donc le légataire avait attenté à la vie du défunt, s'il s'était rendu coupable envers lui de sévices, délits ou injures graves, la demande en révocation sera admise. Elle le sera également si le légataire a commis une injure grave envers la mémoire du testateur.

Ici se borne l'exposé des règles *générales* et *communes* sur les dispositions des biens à titre gratuit. » — Fenet, t. 12, p. 612.

(1) T. 8, n° 558.

(2) Art. 205 et suiv. C. N.

décider dans le sens de M. Duranton, ce serait sans nécessité porter atteinte au principe de l'irrévocabilité des donations, puisque le donateur aurait le moyen de revenir indirectement contre la libéralité qu'il a faite.

L'art. 208 pose la base du calcul de la dette alimentaire entre parents et alliés. Les aliments ne sont accordés que dans la proportion du besoin de celui qui les réclame et de la fortune de celui qui les doit. Evidemment il ne faudra pas suivre ce mode de calcul quand ce sera le donataire qui sera débiteur des aliments : d'abord sa fortune ne sera point l'un des éléments de la fixation de la quotité ; il faudra plutôt consulter la nature de la donation, son étendue et son importance ; car c'est le bienfait qui produit l'obligation, et elle ne peut l'excéder ; nous pensons même que les aliments ne se prélèvent que sur les revenus des biens donnés, car, s'il en était autrement, les effets de la donation pourraient être détruits dans une certaine mesure. D'un autre côté, on devra tenir peu de compte de la position sociale que le donateur occupait avant les revers de fortune, car il ne s'est pas dépouillé irrévocablement de ses biens afin de s'en créer une ressource dans l'avenir.

Si le donataire, tout en refusant des aliments, motive son refus sur l'absence actuelle des besoins, ou bien s'il fait une offre inférieure soit à la demande, soit aux droits du donateur, le tribunal pourra bien ne pas prononcer la révocation ; car ce qui constitue l'ingratitude, aux yeux de la loi, c'est le refus absolu et malicieux d'acquitter la dette alimentaire (1).

(1) Grenier, n° 233.

Le donateur a pu se réserver formellement par le contrat le droit à des aliments ; le défaut de paiement peut motiver une demande en révocation ; mais ce n'est plus alors à proprement parler une révocation pour ingratitude ; la demande est plutôt fondée sur l'inexécution d'une condition du contrat (1). Cette remarque est importante, car les effets de la révocation sont bien différents dans les deux cas ; dans le second, notamment les biens reviennent au donateur francs et quittes des charges réelles consenties par le donataire.

Les observations suivantes s'appliquent à tous les cas d'ingratitude.

La révocation de la donation étant une pénalité civile sera prononcée contre toute personne qui a agi avec discernement, quel que soit son âge, car la minorité n'exempte pas de la peine des délits qui se commettent par malice (2).

L'offense doit avoir été commise par le donataire lui-même et contre le donateur personnellement. Cette règle souffre cependant exception si l'injure est faite du vivant du donateur à sa femme ou à ses enfants parce qu'une telle injure rejaillit sur lui et est censée faite à lui-même (3). C'est ce qu'enseignait Pothier (4), en exigeant toutefois une plus grande gravité dans l'offense, et ce qu'il faut décider encore sous le régime du code Napoléon, sans quoi la loi présenterait cette bizarrerie, qu'un délit com-

(1) Art. 951.

(2) Art. 3330.

(3) Inst. de injur., § 2°.

(4) De donat., sect. 3, art. 3, § 2.

mis contre la propriété du donateur serait un cas d'ingratitude, tandis qu'un délit commis contre sa femme ou ses enfants serait chose indifférente.

On ne peut pas renoncer par avance dans l'acte donation, ni plus tard par aucun autre acte au moy de révocation pour cause d'ingratitude : *Servan non sunt pacta quæ ad delinquendum invitant.* serait là une convention immorale, et la loi prosc en masse les conventions contraires aux bonn mœurs et à l'ordre public (1).

§ 4.

Causes de révocation des dispositions testamentaires se rattachant à l'ingratitude des institués ou légataires.

Les dispositions testamentaires comme les donations entre vifs sont révocables pour cause d'ingratitude de la part de ceux qui sont appelés à en profiter. Les art. 1046 et 1047 combinés autorisent en effet la révocation : 1° Si le légataire a attenté à la vie du testateur ; 2° s'il s'est rendu coupable envers lui de délits, sévices ou injures graves (2), et 3° s'il a fait une injure grave à la mémoire du testateur (3). Le refus d'aliments ne constitue point une cause de révocation de la libéralité testamentaire ; ceci tient à ce que le testament ne confère aucun droit actuel, et

(1) Art. 6. C. N.

(2) Ces deux causes résultent du renvoi fait par l'art. 1046 aux deux premières dispositions de 955.

(3) Art. 1047.

qu'il serait injuste de faire naître l'obligation de la dette alimentaire avant le bienfait reçu. L'effet ne doit pas précéder sa cause ; on ne peut pas punir le légataire de n'avoir pas exécuté une obligation qui n'existait pas encore. C'est en ce point seulement que les causes de révocation des legs diffèrent des causes de révocation des donations entre vifs, si l'on admet avec nous que l'injure à la mémoire du bienfaiteur est susceptible de révoquer aussi bien les libéralités entre vifs que les libéralités testamentaires.

Le droit romain appliquait aux legs et institutions d'héritier la théorie de l'indignité ; on voit qu'il n'en est plus de même sous le régime du code Napoléon, puisque les dispositions contenues dans les testaments sont révoquées, non pas parce que le légataire est indigne, mais parce qu'il est ingrat. Il est vrai que la plupart des causes d'indignité atteindront les légataires, parce qu'elles rentrent dans les causes d'ingratitude ; mais l'innovation est importante tant à cause de la durée de l'action qui est différente, que de la plus grande rigueur de la loi vis-à-vis de ceux qui tiennent directement leurs droits du défunt.

La loi romaine rangeait parmi les indignes ceux qui avaient empêché le *de cujus* de faire ou de modifier son testament ; aujourd'hui ils seront non pas indignes, mais ingrats ; car ils sont coupables de faits qui ont atteint directement la personne du testateur, ou qui ont été au moins des sévices moraux, le blessant grièvement dans sa liberté (1). Mais il ne

(1) Art. 955. 2°, 1046.

faudrait pas prononcer l'ingratitude dans le cas de suppression ou de destruction par un légataire d'un testament postérieur; en effet, si le fait d'avoir détruit ou supprimé l'acte de dernière volonté constitue un délit, ce délit n'a pas été commis envers le testateur décédé antérieurement; c'est seulement un délit envers les héritiers, insuffisant pour entraîner la révocation; on ne peut pas voir non plus dans le fait allégué une injure grave à la mémoire du défunt, cette mémoire n'étant nullement entachée par la première disposition testamentaire plutôt que par telle autre.

L'inconduite de la femme pendant l'année de deuil lui faisait perdre autrefois les avantages qu'elle avait reçus. Le code n'a pas reproduit cette rigueur contre les veuves qui se conduisent impudiquement, qui malversent, pour parler le langage de l'ancienne jurisprudence; mais l'art. 1047 ne conduit-il pas au même résultat? Quelle injure plus grave, en effet, pour la mémoire du mari, que la conduite déréglée et scandaleuse de sa femme? La question s'est présentée le 14 février 1827 devant la cour de Nîmes, qui a repoussé néanmoins la prétention des demandeurs en révocation. Les motifs sur lesquels se base cet arrêt justifient pleinement la solution qu'il adopte. La mémoire du défunt n'est point atteinte par les torts d'autrui survenus après son décès; l'inconduite de la veuve, toute répréhensible qu'elle soit, laisse la réputation du mari pleine et entière, telle qu'elle était fixée au terme de sa vie; la mémoire de celui-ci ne reste pas moins honorée si elle l'était auparavant, etc.

CHAPITRE III.

Quelles donations sont révocables pour cause d'ingratitude.

§ 1.

La règle générale est la révocabilité pour cause d'ingratitude.

L'art. 955, déclarant les donations absolument et sans restriction révocables pour ingratitude du donataire, contient un principe général applicable aux libéralités de toute espèce ; à moins qu'on ne se trouve en présence d'un texte établissant une exception formelle. Ainsi la révocation atteint les donations soit mobilières, soit immobilières, les renonciations à succession au profit d'un ou de plusieurs cohéritiers (art. 780), les remises de dettes faites à titre gratuit (art. 1282), les donations onéreuses, moyennant indemnité pour les charges exécutées par le donataire, les donations déguisées sous l'apparence de ventes, si on admet leur validité, et même les dons manuels.

L'application de la révocabilité offre néanmoins plus de difficulté relativement à certaines donations, entre autres aux donations rémunératoires et aux donations mutuelles.

Quant aux donations rémunératoires, pour les soustraire aux conséquences de l'ingratitude du donataire, on pourrait dire qu'elles n'ont pas le caractère absolu et complet de libéralités ; qu'elles sont l'accomplissement d'une obligation que juge et que s'impose le donateur, en reconnaissance de services qui lui ont été rendus ; ces services, et non la seule libéralité, sont la cause de la donation. Or, si la donation est le prix d'un service rendu, comment admettre que l'ingratitude postérieure, qui ne détruit pas le service rendu dans le passé, détruise le droit du donataire au prix qu'il en a reçu ? On pourrait fortifier ces considérations par un argument tiré du texte de l'art. 960 : cet article prononce la révocation de plein droit pour survenance d'enfant de toutes donations, encore qu'elles fussent mutuelles ou *rémunératoires*. Cette expression limitative au cas prévu démontre, dirait-on, que le législateur n'a pas voulu qu'en tout autre cas la donation rémunérératoire fût révocable.

Mais ces objections se détruisent en observant que l'art. 955 prononce d'une manière générale, comme nous le disions tout à l'heure, la révocation des donations pour cause d'ingratitude, sans distinction entre celles faites par pure libéralité et celles qui sont motivées par un service rendu. D'un autre côté, peut-on supposer que si le législateur eût entendu excepter les donations rémunératoires de la règle générale de révocabilité pour ingratitude, il eût rejeté cette exception dans un article étranger à ceux qui traitent des règles spéciales à cette cause de révocaiton, et qu'il l'eût placée dans l'art. 960, dont le but est de confirmer le principe de révocation pour survenance d'enfant ? Comment cette exception ne serait-elle pas placée dans l'art. 959, qui renferme une exception à la règle de révocation pour ingratitude à l'égard des donations faites en faveur de mariage? Il est beaucoup plus simple de dire que le code a suivi la décision de l'ancien droit (1). Toutefois, le donataire devra être indemnisé des services par lui rendus, s'il s'agit de services appréciables en argent.

Il est impossible de prétendre sérieusement que la donation mutuelle n'est pas révocable pour ingratitude; Ricard, qui soutenait cette thèse (2), l'appuyait en donnant à ces donations le caractère d'actes à titre onéreux. Mais sa doctrine, condamnée déjà par l'ordonnance de 1731 et par Pothier, a été sans nul doute repoussée par le code Napoléon; la seule difficulté est de savoir si la donation mutuelle est révoquée des deux parts, ou bien si la libéralité faite à l'ingrat tombe seule. Nous pensons que la donation n'est alors révoquée que d'un côté, malgré ce qu'il peut y avoir, en fait, de commutatif et d'intéressé dans le don mutuel: car, nous le répétons, ce qui domine en droit dans un acte de ce genre, c'est le caractère de libéralité, malgré la réunion dans un seul et même acte, des donations réciproques; chacune d'elles doit être envisagée et traitée séparément; il n'y a pas d'ailleurs de raison pour faire souffrir le donataire innocent de la faute du donataire coupable.

(1) Poth., Donat., sect. 3, art. 3.

(2) Traité du don mutuel.

§ 2.

Exception à la révocabilité des donations pour cause d'ingratitude.

Une exception incontestable à la révocabilité pour ingratitude est exprimée par l'art. 959, qui est ainsi conçu : « Les donations en faveur de mariage ne seront pas révocables pour cause d'ingratitude. »

La rédaction de cet article a soulevé une controverse des plus vives : que faut-il entendre par ces mots *donations en faveur de mariage ?* Désignent-ils, comme ils le semblent, toutes les donations faites dans le but de favoriser le mariage, soit par des tiers, soit par les époux eux-mêmes, ou bien ne visent-ils que les donations faites par des tiers aux époux ? Sur cette importante question, les auteurs sont divisés, les tribunaux peu d'accord, et la jurisprudence de la cour de cassation, après avoir décidé dans un sens, décide maintenant dans l'autre ; en sorte qu'il y a incertitude sur le point de savoir si toutes les donations *in favore matrimonii* sont soustraites à la révocation pour ingratitude, ou s'il faut limiter aux donations qui émanent des tiers l'exception de l'art. 959.

Exposons les arguments que l'on fait valoir de part et d'autre.

Dans le premier système, les mots *en faveur de mariage* sont une expression générale ; pour en restreindre et en circonscrire les effets, il faudrait que le législateur l'eût exprimé d'une manière quelconque, et c'est ce qu'il n'a pas fait ; il faut donc donner le nom de donation en faveur de mariage à tout ce qui en aide et favorise la conclusion, à tout ce qui en fait évidemment la condition. Aussi plusieurs textes confondent-ils les *donations en faveur de mariage* avec cette autre expression, *donations par contrat de mariage*, ce qui comprend bien plus évidemment encore toutes les espèces de donations faites à l'occasion du mariage, *propter nuptias*. Dans les chap. 8 et 9, tit. *des Donations*, le code Nap. traite distinctement dans l'un, *des donations faites par contrat de mariage aux époux et aux enfants à naître du mariage*, et dans l'autre, *des dispositions entre époux, soit par contrat de mariage, soit pendant le mariage*; mais il n'appelle pas les premières donations *en faveur de mariage* par opposition aux secondes. Ces mots ont, dans la langue du code, un sens large qui se révèle encore par d'autres articles. C'est ainsi que l'on voit l'art. 1093, loin d'établir un antagonisme entre les deux espèces de donation, constituer une communauté de règles entre le chap. 8 et le chap. 9. L'art. 1087 sur la non-acceptation expresse, et l'art. 1088 sur la caducité des donations quand le mariage n'a pas lieu, forment encore des règles communes. De tous ces textes ne ressort-il pas clairement que l'expression donations *en faveur de mariage* comprend toutes les donations qui se font dans l'intérêt des époux, de leurs enfants et de leurs familles, dans l'intérêt du mariage enfin ?

On puise un autre argument dans l'art. 960. Cet article parlant, non plus de la révocation pour cause d'ingratitude, mais de la révocation pour survenance d'enfants, assujettit à cette dernière espèce de révocation *même les donations qui auraient été faites en faveur du mariage par autres que par les ascendants aux conjoints, ou par conjoints l'un à l'autre.* Or, n'est-il pas évident que cet article sent le besoin d'excepter les *donations faites par les conjoints l'un à l'autre* de ce qu'il appelle *donations en faveur de mariage*, parce que, dans sa pensée, si ces donations n'étaient pas exceptées, on pourrait en conclure qu'elles sont contenues dans l'expression générale de donations en faveur de mariage? Mais, comme cette même expression se trouve dans l'article 959 employée seule sans exception ni modification, il faut décider que dans cet article elle comprend même les donations entre époux.

Laissant les textes de côté, on dit qu'un motif supérieur a dû dominer la pensée du législateur et l'empêcher d'admettre l'action en révocation pour cause d'ingratitude, dans les donations en faveur de mariage, qu'elles fussent faites par des tiers, ou faites entre époux : c'est l'irrévocabilité du contrat de mariage, c'est le caractère qui lui est propre d'être bien moins un contrat entre deux individus, qu'un pacte entre deux familles, pacte dont les conséquences intéressent, quoique à des degrés différents, tous ceux qui en font partie (1). Comme les autres clauses du contrat de mariage, les donations entre époux participent à son irrévocabilité, puisqu'il n'existe pas d'exception pour ce qui les concerne; au contraire, l'art. 1096 ne déclarant révocables que celles faites pendant le mariage, confirme l'application du principe général à celles qui ont été faites avant sa célébration.

(1) Art. 1391, 1395, 1398.

On rejette l'argument que l'opinion contraire tire de l'art. 299. La révocation admise par cet article en matière de divorce n'était point fondée sur l'ingratitude du donataire; elle reposait seulement sur l'annulation du contrat de mariage entièrement rompu par la loi; et maintenant que le divorce n'existe plus, l'art. 399 est une lettre morte; étendre sa disposition à la séparation de corps serait faire une fausse interprétation de la loi, parce que la séparation laisse subsister le lien du mariage et ses effets généraux; d'ailleurs une peine ne doit pas être appliquée sans un texte précis et par voie d'analogie; il vaut donc mieux décider, conclut-on encore, que la loi a voulu laisser les époux sous l'empire du droit commun, et spécialement de l'art. 959.

L'art. 1518 relatif au préciput est mis également hors de cause par cette considération que le préciput n'est pas une donation, mais une convention de mariage, qui diffère, par le fond comme par la forme, des donations. Si d'ailleurs on pouvait regarder le préciput comme un avantage, ce serait un avantage particulier duquel on ne pourrait tirer une règle générale. Au surplus, le préciput étant une convention entre associés, il est naturel que l'époux par le fait duquel la société est rompue soit privé de ce préciput, tandis que l'autre époux le conserve à titre de dommages-intérêts. La donation au contraire ne tient pas au mode d'association des biens, mais au mariage lui-même, et elle doit subsister autant que lui.

Ce système est celui de Toullier (1), Grenier (2),

(1) T. 2, n° 781.

(2) Donations, t. 12, p. 592.

Merlin (1), Favard de Langlade (2), Zachariæ (3), et de MM. Duranton (4), Demante (5), et Coin-Delisle.

L'autre système ne compte pas moins de partisans; il raisonne ainsi : L'art. 955 qui prononce la révocation des donations pour cause d'ingratitude contient un principe général et de haute moralité. En refuser l'application aux donations contractuelles entre époux, ce serait proclamer l'impunité de l'ingratitude, alors qu'un devoir de plus la rend plus odieuse et plus coupable.

C'est en vain qu'on invoque, pour justifier une telle contradiction, l'art. 959 du code Nap. L'exception qu'il formule à l'art. 955 doit être strictement restreinte au cas pour lequel elle a été créée; or ce cas est circonscrit par les termes et les motifs de cette disposition et par le langage habituel du législateur. En effet, l'art. 959 ne dit pas : les donations *à raison,... à cause,... à l'occasion du mariage*, mais bien les donations *en faveur du mariage*; or le mariage est pris ici collectivement et s'entend des époux et des enfants, de la famille, en un mot, que crée l'union matrimoniale.

La donation d'un époux à l'autre cesse d'être en faveur des enfants, les dépouille au contraire pour un temps, si le donataire conserve pour toujours, s'il dissipe l'objet donné.

(1) Repert., v° Sép. de corps.
(2) V° Sép. de corps.
(3) T. 3, n° 375.
(4) T. 2, n° 629, et t. 8, n° 572.
(5) Progr., t. 1, n° 185.

L'on objecte à tort, à l'appui de la thèse contraire, les art. 960 et 1088, dans lesquels les donations entre époux seraient, dit-on, qualifiées donations en faveur de mariage; car une lecture attentive de ces articles repousse cette assertion, ou lui enlève toute sa force logique. Dans l'art. 960, de ces mots: « même celles qui auraient été faites en faveur du mariage par autres que les ascendants aux conjoints, ou par les conjoints l'un à l'autre, » il résulte bien que la qualification en faveur du mariage s'applique très-directement et très-clairement aux donations faites par les tiers aux époux, mais il ne résulte pas que cette qualification soit aussi clairement et aussi directement applicable aux donations entre époux; sans doute la construction de la phrase permet de la leur étendre, mais elle permet aussi de les en isoler. En tout cas, ajoute-t-on, quelle que soit la solution de cette question grammaticale, on ne peut voir là, de la part du législateur, une intention réfléchie de confondre deux espèces de donations, qu'il a partout soigneusement distinguées.

D'autre part, l'art. 1088 est au chap. VIII, qui ne traite que des donations faites par des tiers, et la caducité qu'il prononce ne peut s'entendre que de cette espèce de donation; car les avantages que se font les époux par contrat de mariage sont, comme toutes autres conventions, subordonnés à la célébration, et, à défaut de cette condition, ils sont nuls, et non point caducs, ce qui est bien différent en droit; tandis que les donations faites aux époux par des tiers, véritables donations en faveur du mariage, c'est-à-dire d'un être collectif, tombent quand le mariage ne s'ensuit pas, parce qu'alors la personne donataire n'existe pas, ce qui est un véritable cas de caducité. Il n'y avait de doute possible et de disposition nécessaire que quant à cette espèce de donation. Prétendre que l'art. 1088 comprend même les donations entre époux, c'est prêter à ses rédacteurs une disposition inutile et dont les termes blesseraient la langue juridique.

Ces querelles de mots écartées, il faut convenir que la loi distingue toujours avec soin ces deux sortes de donation. La distinction est notamment établie par la division des chap. VIII et IX qui traitent de chacune d'elles séparément, par les rubriques de ces chapitres, et par les textes qui désignent invariablement les donations faites par les tiers aux époux et aux enfants, par des dénominations autres que celles faites entre époux, ce qui se remarque dans un grand nombre d'articles (1).

L'argument tiré par les adversaires de l'irrévocabilité des conventions matrimoniales n'est pas sérieux ; il n'est dans la réalité qu'une pétition de principe, car la question est précisément de savoir si l'art. 955 fait exception à cette irrévocabilité. Ce n'est pas en substituant le mot conventions au mot donations, que l'on peut résoudre le problème et écarter l'art. 955. Les donations entre époux par contrat de mariage font, à n'en point douter, partie des conventions matrimoniales, mais elles ne perdent pas pour cela leur caractère de libéralités ; la preuve en est, que la loi en fixe les règles au titre des donations, et non au titre du contrat de mariage.

(1) 1081, 1084, 1086, 1090, 1092, 1093 et 1096.

Il est impossible de ne voir dans l'art. 299 que la conséquence de l'annulation du contrat de mariage brisé par le divorce, puisqu'il n'établit de révocation que contre l'époux coupable, c'est-à-dire l'époux ingrat, et non contre son conjoint innocent. La véritable cause de l'art. 299 est donc nécessairement l'ingratitude du donataire. On en peut d'autant moins douter que dans l'art. 231 et dans l'art. 955, les causes du divorce et de la séparation de corps, et celles de la révocation sont les mêmes. A la vérité, la loi ajoute à la séparation de corps et à la révocation des donations entre époux, qui en est la suite, des causes qui ne figurent pas dans l'art. 955 ; mais ces causes spéciales sont toujours des causes d'ingratitude; et c'est à bon droit que le code considère comme ingrat l'époux adultère ou judiciairement flétri qui n'apporte à son épouse donateur que la douleur et la honte.

On insiste enfin sur la disposition de l'art. 1518 (1).

D'après l'exposé qui précède des deux systèmes en présence, on voit que la question est grandement mêlée de pour et de contre, et que les arguments invoqués de part et d'autre au premier coup d'œil semblent se balancer. Néanmoins l'hésitation doit disparaître devant des considérations puissantes qui viennent fortifier la seconde opinion, c'est-à-dire celle qui admet la révocabilité des donations entre époux ; nous voulons parler de la jurisprudence an-

(1) En ce sens, Delvincourt, t. 1, p. 85. — Pigeau, t. 2, p. 571. — Guilhon, t. 2, p. 740. — Vazeille, du Mariage, t. 2, n° 589. — Massol, sép. de corps, p. 305. — Proudhon, t. 1, p. 312. — Valette sur Proudh. — Marcadé sur 959.

térieure au code Nap. et de l'historique de la rédaction des art. 299 et 959.

Nous ne reviendrons pas sur ce que nous avons dit relativement à la doctrine de l'ancien droit sur la révocabilité des donations entre époux ; nous croyons avoir démontré surabondamment qu'elle était admise pour ingratitude sans aucune contestation par tous les auteurs. C'est en face de cette législation existant en France depuis plusieurs siècles que les rédacteurs du code se trouvaient placés, est-il probable qu'ils aient entendu l'anéantir au moyen de l'art. 959 ? Les discussions au conseil d'État, les discours prononcés soit devant le corps législatif, soit devant le tribunat, ne portent aucune trace de cette intention ; l'innovation serait assez considérable pour ne pas laisser supposer qu'elle serait passée inaperçue. Mais il résulte tout au contraire des documents que nous possédons sur la confection de notre code, que le législateur a voulu consacrer la solution donnée par l'ancienne jurisprudence et entrée dans les mœurs de la nation.

On sait que le projet primitif présenté aux cours et tribunaux ne parlait pas de la séparation de corps, laquelle n'a été introduite que par amendement lors de la discussion au conseil d'État. Le divorce seul était reconnu : dans ce projet, les art. 299 et 959 existaient déjà et conçus dans les mêmes termes; n'est-ce pas là une preuve frappante que le dernier de ces articles ne visait pas les donations entre époux, puisque leur sort était réglé, pour le cas d'ingratitude du donataire, par l'art. 299 ? L'introduction tardive de la séparation de corps dans le système du nouveau code n'a pas dû certainement changer le sens des mots, étendre la signification primitive de l'expression donations *en faveur de mariage*. M. Rœderer, sur une observation faite au conseil d'État par le premier consul, disait que le divorce et la séparation de corps « ne diffèrent entre eux qu'en ce que la séparation laisse subsister le lien du mariage, au lieu que le divorce le rompt, et donne aux deux époux le droit de contracter un nouveau mariage : *au-delà les effets sont les mêmes* (1). » Si les effets sont les mêmes, la séparation comme le divorce entraîne donc pour l'époux ingrat la perte des libéralités qu'il tient de son conjoint ; l'art. 959 n'est donc pas applicable aux donations entre époux ?

Les explications données par les orateurs dans la discussion de la partie du projet concernant les exceptions à l'irrévocabilité des donations indiquent d'ailleurs que le législateur, en édictant l'art. 959, ne s'est absolument préoccupé que des donations faites par des tiers.

Il est dit devant le corps législatif : « Les donations en faveur de mariage sont exceptées de la révocation pour cause d'ingratitude, et vous en sentez la raison : elles sont moins une libéralité en faveur du donataire, qu'un traité entre deux familles, en considération d'une union qui doit donner le jour à des enfants appelés à la recueillir (2). »

D'autres observations sont présentées dans le même sens au Tribunat (3).

(1) Fenet., t. 9, p. 366.
(2) Fenet., t. 12, p. 636.
(3) Fenet., t. 12, passim.

Pour nous résumer, notre opinion se base surtout, 1° sur l'art. 299, que nous appliquons sans hésiter à la séparation de corps, sur l'art. 1518, et 2° sur les traditions de l'ancien droit, qu'il n'apparait pas, d'après les travaux préparatoires, que le code ait voulu modifier. La cour de cassation, par un arrêt rendu le 23 mai 1845, toutes chambres réunies, revenant sur sa première jurisprudence, a adopté le système de la révocabilité. Si la pratique parait fixée en ce sens, il n'en est pas de même de l'école, où la controverse existe toujours.

Une question s'élève subsidiairement à la précédente, et nait de la solution que nous avons donnée. L'époux donateur victime de l'ingratitude de l'époux donataire, peut-il, comme tout autre donateur, agir directement en révocation, ou, pour arriver à ce but, est-il contraint de passer préalablement par le circuit d'une action en séparation de corps ? Il serait difficile de comprendre pourquoi la loi, plus secourable, nous l'avons fait voir, aux époux donateurs qu'aux donateurs étrangers, les aurait privés de l'action de droit commun, de l'action directe en révocation pour cause d'ingratitude. Obliger l'époux donateur à prendre forcément la voie de la séparation de corps, ce serait souvent le mettre dans l'alternative de violenter sa conscience et des scrupules religieux peut-être exagérés, mais au moins respectables, ou de faire le sacrifice pénible de son droit de révocation ; ce serait souvent encore blesser ses intérêts d'une autre manière, si la séparation, en lui ravissant les ressources de l'association conjugale, doit le faire déchoir de son rang dans le monde, ou compromettre sa position commerciale et industrielle. Enfin ce serait rendre toute révocation impossible dans le cas de la plus effrayante de toutes les ingratitudes, celui du meurtre de l'époux donateur par l'époux donataire. Ce serait faire dépendre la révocation d'un cas purement fortuit, si dans le cours de l'instance le demandeur est surpris par la mort, encourager tous les incidents qui prolongent le procès, et inspirer même au défendeur des pensées criminelles. Dans le silence de la loi, pourquoi lui prêter un système qui produit de telles énormités? Les considérations à l'aide desquelles en définitive on essaie de le soutenir, méritent peu qu'on s'y arrête. Lorsqu'on dit, par exemple, que la position des deux époux restant ensemble pendant le procès en révocation pour cause d'ingratitude ne serait pas tenable, on ne prend pas garde qu'une demande en séparation de biens contestée, qu'une plainte en adultère, qu'une action en désaveu de paternité, toutes indépendantes de la séparation de corps, font aux époux une situation au moins aussi fausse.

Quant au scandale de laisser à ses héritiers, à des enfants, une telle action ouverte, nous répondons qu'après tout rien ne saurait égaler le scandale du triomphe de l'ingratitude et du spectacle d'un époux donataire meurtrier de son conjoint donateur, jouissant du bienfait de sa victime, s'il échappe à la vindicte publique, en le transmettant à ses héritiers personnels.

Jusqu'ici nous n'avons point parlé des donations faites entre époux *constante matrimonio*; mais il est certain, quelque opinion qu'on adopte relativement à celles qui ont eu lieu par le contrat de mariage, qu'elles sont révocables pour cause d'ingratitude, puisqu'il est impossible de dire qu'elles ont été la cause déterminante de l'union des conjoints. Cependant il faut distinguer entre le donateur et ses héritiers. S'agit-il de l'époux donateur, il n'a pas besoin de recourir à l'action révocatoire, car, aux termes de l'art. 1096, il suffit de sa seule volonté pour révoquer une donation de cette nature. A quoi, bon en effet, recourir, aux tribunaux quand on peut soi-même se faire justice? La demande devrait donc être déclarée non recevable comme dénuée de tout intérêt.

S'agit-il de ses héritiers, leur action reste soumise aux règles tracées par l'art. 957, et en conséquence ils ne peuvent demander la révocation qu'autant que leur auteur serait décédé dans l'année du délit d'ingratitude.

CHAPITRE IV.

Comment s'opère la révocation des donations pour cause d'ingratitude.

La révocation des donations n'a pas lieu de plein droit, à la suite de l'ingratitude du donataire (1). C'est une peine en effet prononcée par la loi dans le seul intérêt de l'offensé, qui doit pouvoir en faire la remise au coupable, s'il veut user d'indulgence. Ainsi tant que le donateur ne se sera pas adressé à la

(1) Art. 956, C. N.

justice, tant qu'un jugement n'aura pas reconnu sa demande fondée et prononcé la révocation, la donation subsistera et continuera de produire tous ses effets, en sorte qu'en ne se plaignant pas de l'ingratitude, l'offensé en empêche les conséquences de se produire. A lui seul appartient le droit d'agir (sauf ce que nous dirons au sujet de ses héritiers), et ce droit facultatif pour lui est sans effet vis-à-vis des tiers. Un possesseur en voie d'acquérir par prescription l'immeuble donné ne pourrait donc pas repousser la revendication du donataire, sous prétexte que la donation qui l'avait investi du droit de propriété n'existe plus, car cette donation existe toujours, elle n'est pas révoquée, mais seulement révocable.

Le même article 956 comprend dans sa disposition la révocation pour inexécution des conditions; pas plus que la révocation pour ingratitude, elle n'a lieu de plein droit. Cependant ce serait une erreur profonde d'assimiler complétement l'inexécution des charges et l'ingratitude même sous le rapport seulement de la manière dont la révocation s'opère dans les deux cas. Le juge, lorsque le donateur prétend que les conditions n'ont pas été exécutées, peut accorder un délai pour l'exécution au donataire malheureux et de bonne foi. Et celui-ci en exécutant dans le délai échappe à la révocation (1); mais au contraire si la demande se fonde sur l'ingratitude, la preuve des faits reprochés étant fournie, le juge doit prononcer la révocation, sans pouvoir accorder

(1) Argᵗ de l'art. 1184.

aucun sursis. A quoi bon en effet retarder la sentence définitive? Le donataire serait-il moins ingrat après l'expiration du délai ?

D'un autre côté, rien ne s'oppose à ce que les parties conviennent que l'inaccomplissement des charges entraînera *ipso jure* la révocation de la donation (1) ; et cependant le donateur stipulerait inutilement que sa donation serait résolue de plein droit par le seul fait de l'ingratitude du donataire ; en vain soutiendrait-il qu'il a fait du cas d'ingratitude aujourd'hui réalisé une condition résolutoire, et que le contrat étant ainsi conditionnel doit être anéanti par l'arrivée de l'événement prévu, et sans qu'il soit nécessaire qu'un tribunal en prononce la résolution, la base de sa prétention s'écroule en présence de l'art. 900. Des faits d'ingratitude ne peuvent pas faire l'objet de conventions; ils n'ont pas dû être prévus, puisque leur prévision sérieuse eût arrêté la libéralité dans sa source. La prétendue condition serait donc immorale et réputée non écrite.

La troisième des causes de révocation des donations, la survenance d'enfants opère de plein droit ; on la considère comme une véritable condition résolutoire tacitement sous-entendue. De là les conséquences suivantes : la donation n'est plus seulement révocable, mais bien révoquée par la survenance d'enfants ; l'intervention d'un jugement est inutile. La révocation a lieu malgré le donateur, et toute personne intéressée peut l'invoquer, le possesseur par exemple de l'immeuble que le donataire revendique.

(1) Art. 1656.

Nous nous contenterons de noter en passant ces différences majeures qui séparent l'une des trois causes de révocation des deux autres.

La règle générale que la révocation pour cause d'ingratitude n'a pas lieu de plein droit souffre cependant une exception ; en cas de séparation de corps, le jugement qui la prononce révoque *ipso jure* les avantages matrimoniaux faits à l'époux ingrat, quand même l'époux offensé n'aurait pas demandé spécialement la révocation ; nous prenons au titre du divorce l'art. 299, et nous l'appliquons, non plus comme argument de la révocabilité des donations entre époux, mais comme règle exceptionnelle à celle de l'art. 956.

CHAPITRE V.

De l'action en révocation pour ingratitude.

§ 1.

L'action ne peut ni s'intenter ni se poursuivre contre les héritiers du donataire décédé.

L'action révocatoire, ne l'oublions pas, aboutit à une peine contre un individu coupable d'un méfait. Considérée sous son côté passif, cette action doit donc s'éteindre par la mort du donataire, puisque lui seul a mérité d'être puni ; ses héritiers échapperont en conséquence à la révocation. Le droit romain et l'ancien droit, tout en admettant ce principe, y faisaient cependant une exception remarquable, en permettant de poursuivre, après le décès du donataire contre ses héritiers, l'instance commencée de son vivant d'après le vieil adage, « *omnes actiones quæ morte aut tempore pereunt semel incluso judicio salvæ permanent.* » De nombreux auteurs pensent que cette théorie a été reproduite par l'art. 957. Le code, dit M. Duranton (1), prohibe la *demande* en révocation contre les héritiers du donataire (2), mais il n'exclut point la *continuation* de la demande. L'action *intentée* contre ses héritiers peut donc être *continuée* contre le donataire. Cet auteur ajoute ensuite que le donateur qui a exercé son action ne peut pas en perdre le bénéfice par suite d'un fait qui lui est étranger, qui n'est qu'un pur accident, la mort du donataire. M. Coin-Delisle fournit à cette opinion un nouvel argument qu'il formule en ces termes : «... La mort du donataire survenue avant la demande laisse ignorer si le donataire n'aurait pas un jour pardonné, *tandis que l'action formée pendant sa vie prouve la volonté contraire* (3). » C'est aussi le sentiment de M. Troplong, qui ne donne pas d'autre raison que l'existence de la maxime romaine précitée (4).

Mais est-ce bien là le système de la loi? Le 2e alinéa de l'art. 957 ne fait aucune exception à la règle que la révocation ne peut avoir lieu contre les héritiers du donataire. Nous disons qu'il ne fait aucune exception, car le mot *demandée* dont se sert la loi

(1) T. VIII, n° 562.
(2) Art. 957, § 2.
(3) Coin-Delisle, n° 12, in fin.
(4) Troplong, Donat., n° 1328.

n'a pas le sens restreint qu'on lui prête dans le premier système; elle l'emploie dans un sens général, comme synonyme du mot *exigée*, pour indiquer à la fois l'impossibilité d'intenter l'action et de la poursuivre : cela devient de l'évidence la plus manifeste si l'on se place dans la seconde hypothèse du même alinéa, où il est dit que la révocation ne pourra être demandée par les héritiers du donateur contre le donataire, à moins que l'action n'ait été *intentée* par le donateur lui-même, ou qu'il ne soit décédé dans l'année du délit. La raison de M. Coin-Delisle se détruit aussi facilement que la précédente : qu'importe, en effet, que l'action formée pendant la vie du donataire prouve, de la part du donateur, la volonté de ne pas pardonner? Est-ce que l'action intentée après la mort du donataire ne prouve pas aussi la résolution de se prévaloir de l'ingratitude? et cependant, dans cette hypothèse, tout le monde rejette l'action. C'est en vain qu'on objecte encore comme une anomalie la position du donateur privé du bénéfice de la révocation par un fait accidentel; on oublie qu'il agissait avant tout pour faire punir un ingrat ; que l'intérêt pécuniaire en jeu n'est qu'accessoire, que ce n'est pas pour l'enrichissement de la victime de l'ingratitude, que l'action révocatoire a été organisée, mais pour la punition du donataire, et que, dès lors que celui-ci n'existe plus, il ne peut plus être question de peine.

L'opinion que nous soutenons est en parfaite harmonie d'ailleurs avec les principes généraux de notre loi actuelle, qui rejette dans tous les cas l'application d'une pénalité quelconque, même simplément pécuniaire, lorsqu'il n'y a plus de coupable à punir. Par exemple, si un accusé meurt pendant un procès criminel, l'action ne sera certes pas continuée contre ses héritiers pour les faire condamner à l'amende, qu'eût subie leur auteur, s'il eût vécu.

Les rédacteurs du code ont si bien voulu innover en cette matière, qu'ils ont, dans le même article, apporté un autre changement au droit antérieur. Autrefois, en effet, les héritiers du donateur ne pouvaient agir qu'autant qu'il avait de son vivant commencé le procès en révocation ; or, aujourd'hui le droit de révoquer appartient encore aux héritiers dans un second cas, c'est-à-dire lorsque le donateur est décédé dans l'année du délit d'ingratitude. Loin donc de suivre entièrement les errements de l'ancien droit, l'art. 957 a manifestement voulu introduire des principes nouveaux.

§ 2.

Des personnes qui ont le droit de révocation.

L'action révocatoire étant une action de réparation d'injures, est personnelle au premier chef ; son exercice est laissé à la discrétion et à la générosité du donateur ; s'il n'agit pas, nul n'est admis à se plaindre, et la libéralité conserve tous ses effets ; la loi présume alors que l'ingratitude du donataire n'a pas éteint le sentiment de faveur et d'intérêt qui avait dicté la donation.

Cependant, après la mort du donateur, ses héritiers peuvent demander la révocation, comme il l'eût pu lui-même. Il est vrai que l'art. 957 établit comme principe général que l'action n'est pas transmissible aux héritiers, mais les deux exceptions qui viennent à la suite de la règle la détruisent entièrement. Dire, en effet, que l'action ne se transmet pas, et ajouter qu'elle se transmet, quand elle a été déjà intentée par le donateur, ou lorsqu'il est décédé dans l'année du délit, n'est-ce pas proclamer en réalité la transmissibilité de l'action, puisque les héritiers ont absolument les mêmes droits que leur auteur. Cette rédaction bizarre, qui pose une règle pour la détruire, trouve, au reste, son explication dans l'état de choses qui avait précédé : sous l'ancienne jurisprudence, la non-transmission était une vérité, car les héritiers n'avaient vraiment qu'exceptionnellement le droit de révoquer, dans le cas où l'instance avait été introduite par le donateur de son vivant. Le code a reproduit le principe ancien, sans songer qu'il l'anéantissait en ajoutant une exception nouvelle à celle qui existait déjà.

Mais il résulte positivement du personnalisme de l'action que le droit de l'exercer n'appartient point aux créanciers du donateur (1). Néanmoins il nous semble logique de le leur accorder, après la mort de leur débiteur, s'il avait commencé le procès. Pour quelle raison, en effet, les empêcher de profiter du résultat pécuniaire attaché à la révocation ?

De même, si le donateur avait expressément cédé à un tiers son action en révocation, le cessionnaire, conformément à la doctrine de Dumoulin, pourrait, dans le délai utile, en vertu de cette cession, agir contre le donataire ingrat. Car, en disposant de son

(1) Delvinc. t. 2, p. 522, note 7.

action, le donateur a mis hors de doute son intention de révoquer, et peu importe que ce soit lui-même, ou un cessionnaire que bénéficie de la punition.

§ 3.

Des fins de non-recevoir que le donataire peut opposer à l'action.

En première ligne de ces fins de non-recevoir, se place le pardon de l'offense que le donateur aurait accordé au donataire; c'est là une conséquence naturelle du principe reconnu par toutes les législations qu'il est permis de renoncer à un droit introduit en sa faveur; en pardonnant, l'offensé n'a fait qu'user de ce droit incontestable. La remise même tacite de l'ingratitude forme un obstacle à la révocation : *Salutatio, osculatio, lusus et commessatio*, telles sont les circonstances que les anciens jurisconsultes considèrent habituellement comme une présomption de réconciliation; nous mettrons sur la même ligne l'exécution volontaire de la donation, si elle est postérieure aux faits reprochés.

Le fait d'ingratitude pardonné a pu être suivi d'un fait nouveau dont le donateur se prévaut pour demander la révocation : le juge, pour apprécier la gravité de la nouvelle offense, devra-t-il prendre la première en considération ? Poujol veut qu'on applique ici les articles 272 et 273 du code Nap., dont l'un éteint la demande en séparation de corps par la réconciliation prouvée, et dont l'autre permet d'appuyer sur les anciens faits une demande nouvelle, quand une nouvelle cause de séparation est survenue depuis la réconciliation. C'est avec raison, selon nous, que l'analogie paraît trompeuse à M. Coin-Delisle, et nous adoptons sans hésiter sa manière de voir. « En matière de séparation de corps, dit-il, l'un des époux doit établir que la vie commune lui est insupportable ; il fallait donc lui conserver les moyens de prouver que le fait nouveau n'était point un acte isolé, mais une suite des habitudes ou du caractère de l'époux défendeur. En matière de révocation, il s'agit de faire rentrer les biens donnés dans les mains de l'ancien propriétaire : quand il a pardonné expressément ou tacitement, il a donc remis la dette que le donataire avait contractée par son ingratitude, et cette remise est irrévocable (1). » Ainsi le fait reproché sera examiné, abstraction faite des précédents.

L'action cesse encore d'être recevable au bout d'une année, à compter du jour où le donateur a connu ou *pu connaître* le délit d'ingratitude. En se contentant de cette possibilité de la connaissance du délit, pour déterminer le point de départ de la prescription annale, le législateur fait voir qu'il entend que les procès fondés sur des inimitiés soient vidés promptement. Mais le donataire qui échappe à l'obligation de faire une preuve souvent difficile, à savoir que le donateur connaissait l'existence du délit d'ingratitude trouve une protection suffisante dans la loi. Ce serait, il nous semble, exagérer ses droits que de refuser à son adversaire la faculté de prouver son ignorance réelle du fait qu'il aurait dû connaître

(1) Coin-Delisle, sur 957, n° 10.

depuis plus d'un an. La déchéance qu'il encourt, en effet, après une année de silence, repose, tout le monde en convient, sur une remise présumée de l'offense; or cette présomption manque de base quand il établit que l'offense lui était vraiment inconnue.

Cette prescription du droit de révocation sera interrompue par la demande en justice ou par la citation en conciliation dans les termes de l'article 2245.

Si le fait d'ingratitude constitue un crime ou un délit, la poursuite criminelle ou correctionnelle intentée dans le cours de l'année sur la plainte du donateur ne serait point une cause d'interruption; il ne suffit pas de demander une réparation comme partie civile; il faut réclamer les biens donnés, agir en révocation en un mot, pour que la présomption de pardon tacite soit effacée.

Nous n'admettrons pas davantage comme cause interruptive, l'impossibilité physique d'exercer son droit dont justifierait le donateur; un empêchement matériel, s'il n'a été expressément prévu, ne peut arrêter le cours d'une prescription (1).

Les héritiers du donateur jouissent des mêmes délais que leur auteur lui-même; comme eux comme pour lui, l'année utile se calcule seulement du jour où ils ont pu connaître le délit; bien que le 2e alinéa de l'art. 957 ne soit pas aussi explicite sur ce point que le 1er alinéa, il ne peut y avoir de doute sur la pensée de la loi : par exemple, dans le cas où le donateur aura été assassiné par le dona-

(1) Art. 2251.

taire, les héritiers seront recevables dans leur demande en révocation tant que l'année qui a suivi la découverte du meurtrier ne sera pas achevée, quel que soit le temps écoulé depuis la perpétration du crime.

Dans une hypothèse spéciale, une fin de non-recevoir empêchera la révocation en faveur des héritiers, alors cependant que le donateur eût pu l'obtenir s'il eût lui-même formé la demande; nous voulons parler du cas d'adultère de la femme. Le délit d'adultère est sans contredit une injure grave dont le mari peut argumenter pour faire révoquer les avantages matrimoniaux; mais à cause de l'art. 336 (1), qui ne permet la dénonciation de l'adultère qu'au mari offensé, il faut décider que si le donateur est mort dans l'année sans avoir agi, la demande de ses héritiers ne devra point être écoutée. Mais il en serait autrement si, au lieu de l'adultère de la femme, on suppose l'adultère du mari accompagné des circonstances aggravantes qui le rendent punissable; comme l'art. 339 du code pénal n'en limite point la poursuite à la personne même de la femme, il peut servir de base à une action révocatoire intentée par les héritiers après la mort de la donatrice.

(1) C. pén.

CHAPITRE VI.

Des effets de la révocation.

§ I.

A l'égard des tiers.

La nature pénale de la révocation pour cause d'ingratitude, comme celle de l'exclusion du successible à raison de son indignité, ne permet pas l'application de la maxime : *resoluto jure dantis resolvitur jus accipientis ;* nous n'insisterons pas sur cette idée que la pénalité, sous peine d'être excessive et partant injuste, ne doit jamais froisser les intérêts des innocents, nous l'avons suffisamment développée déjà. Ainsi, seront maintenues, malgré la révocation, toutes les aliénations des biens donnés, et toutes les constitutions de droits réels, hypothèques ou servitudes, consenties par le donataire sur ces biens, à moins que ces actes ne soient postérieurs à la publication de la demande en révocation. Le Code (1) exige en effet que cette demande ait été rendue publique, pour que le pouvoir d'aliéner valablement cesse d'appartenir au donataire ingrat; c'est seulement lorsque les tiers sont légalement avertis de l'intention de révoquer la libéralité, que manifeste le donateur, qu'ils courent des risques en se rendant acquéreurs des immeubles compris dans la donation.

(1) Art. 958.

Le mode de publication adopté par le législateur consiste dans l'inscription d'un extrait de la demande en marge de la transcription de l'acte de donation. L'accomplissement de cette formalité protectrice ne souffrira aucune difficulté si la donation a été transcrite ; mais le donataire négligent a pu ne point faire transcrire, comment le demandeur pourra-t-il alors sauvegarder ses droits ? Faut-il admettre avec un auteur (1), qu'aucune publication ne serait nécessaire, et que dans ce cas toutes les aliénations postérieures à la demande elle-même, quoique non inscrite, seraient nulles, parce que l'acquéreur doit s'imputer à lui seul d'avoir acquis d'un donataire qui n'avait pas fait transcrire ? Cette opinion, qui sacrifie impitoyablement les intérêts des tiers, est, hâtons-nous de le dire, universellement rejetée. « N'est-il pas évident que la publication de la demande est ici l'idée principale, à laquelle la loi tient et devait tenir par-dessus tout, et que le mode de cette publication n'est qu'une chose secondaire, en sorte que si la publication ne peut pas se faire de cette manière, elle devra se faire de telle autre manière (2) ? » Aussi les interprètes s'accordent-ils pour permettre au donateur de requérir lui-même la transcription, afin de faire en marge l'inscription prescrite par l'art. 958. D'autres offrent même un expédient moins onéreux, à l'emploi duquel rien ne paraît s'opposer : ils se contentent d'une inscription de la demande dans le corps même des registres du

(1) Guilhon, n° 751.

(2) Marcadé, 958, I.

conservateur, sauf à celui-ci à la répéter en marge, si plus tard la donation vient à être transcrite.

Quand la donation faite à l'ingrat ne consiste pas en immeubles, l'art. 958 ne peut plus s'appliquer, aucun système de publicité n'étant établi pour la fortune mobilière. Cependant le donateur ne restera pas sans moyen de garantir l'effet de sa demande; car le plus souvent il trouvera une protection efficace dans les principes du droit commun. Les objets donnés sont-ils des meubles corporels, non encore aliénés, ou bien des créances ou rentes non encore cédées, le donateur obtiendra du président de former une saisie revendication, qui en empêchera l'aliénation ou la cession durant le cours du procès (1). Mais, s'il s'agit de sommes d'argent ou autres choses fongibles, il ne lui reste que la ressource des saisies-arrêts dans les formes des art. 557 et suivants du Code de procédure : simple créancier chirographaire, il viendra à contribution avec les autres créanciers qui n'ont pas de cause de préférence.

Voilà les droits du donateur vis-à-vis les tiers de bonne foi; sont-ils modifiés par la mauvaise foi des acquéreurs? L'ancienne jurisprudence annulait les aliénations frauduleuses, quelle que soit leur date (2). Cette décision est conforme à l'esprit de notre droit où tant de textes s'attachent à punir la fraude; mais nous remarquons que la mauvaise foi, en cette matière, ne résultera pas seulement de la connaissance des faits d'ingratitude, ni même de la connaissance de la demande par une autre voie que

(1) Art. 826, C. pén.

(2) Ricard, part. 3, n° 715. — Furgole, n° 157.

celle de l'inscription de l'extrait; la mauvaise foi n'existera qu'autant que les acquisitions seront simulées et faites dans le but de frauder le donateur.

§ 2.

A l'égard du donataire.

Entre les parties, la résolution de la donation est complète ; tout le bénéfice que le donataire en a retiré est restituable au donateur ; en un mot les choses se passent, comme si le contrat révoqué n'avait jamais eu d'existence. D'où il suit :

1° Que le donataire est dépouillé de tous les biens donnés qu'il possède encore.

2° Qu'il doit la valeur de ceux qu'il a aliénés eu égard au temps de la demande en révocation (1). La controverse soulevée par l'ancien droit ne peut plus s'élever. Ce n'est donc point le prix de vente qu'il faudra consulter, mais la valeur réelle de la chose à l'époque sus-indiquée.

3° Que même en cas de restitution en nature, une indemnité est due pour les servitudes constituées sur les biens restitués ; et que le donateur doit être déchargé des hypothèques dont les mêmes biens ont été grevés.

Quant aux améliorations ou dégradations dont les immeubles ont été l'objet, il faut distinguer si elles sont survenues avant ou après la demande. Sont-elles antérieures, nous les réglementerons par l'art. 555, 3e alinéa. Le donataire en effet est de bonne foi

(1) Art. 958, 2e alinéa.

et doit être traité comme tel, tant qu'il ne sait pas que le donateur entend exercer le droit de révocation que lui confère le délit d'ingratitude; celui-ci ne pourra donc demander la destruction des plantations, constructions et autres ouvrages, mais il aura le choix ou de rembourser la valeur des matériaux et du prix de la main-d'œuvre, ou de rembourser une somme égale à celle dont le fonds a augmenté de valeur. Sont-elles au contraire postérieures à la demande, nous traiterons le donataire comme possesseur de mauvaise foi, et nous lui appliquerons le même article 555, 1er et 2e alinéa. Le donateur sera libre ou de conserver les travaux moyennant indemnité, ou de les faire enlever en exigeant des dommages-intérêts s'il y a lieu.

C'est au moyen de la même distinction entre la possession de bonne et de mauvaise foi que nous déciderons la question des fruits. Ceux perçus avant la demande appartiendront au donataire; ceux perçus après devront être restitués au donateur.

§ 3.

Différence entre les effets de la révocation pour cause d'ingratitude et ceux des révocations pour inexécution des conditions ou survenance d'enfants.

L'inexécution des conditions et la survenance d'enfants sont de véritables conditions résolutoires tacitement sous-entendues; or d'après le droit commun, l'événement résolutoire efface le contrat dès le principe, l'anéantit même dans le passé, non-seulement entre les parties, mais même à l'égard des tiers (1). Les art. 954 et 963 faisant l'application de cette règle générale décident que les biens compris dans la donation révoquée rentreront dans le patrimoine du donateur libres de toutes charges et hypothèques du chef du donataire, et que le donateur aura contre les tiers détenteurs des immeubles donnés tous les droits qu'il aurait contre le donataire lui-même. La stipulation du droit de retour, où la condition résolutoire, au lieu d'être tacite, est expresse, ne produit pas des effets différents, sauf le maintien exceptionnel de la dot et des conventions matrimoniales de la femme de l'époux donataire (2).

(1) Art. 1183.
(2) Art. 952.

POSITIONS.

DROIT ROMAIN.

I. Les *bona ereptitia* étaient dévolus, dans le principe, aux *patres* inscrits dans le testament, comme les *caduca* et dans le même ordre?

II. Les inimitiés capitales et les injures graves ne constituaient pas des causes d'indignité, mais des cas de révocation tacite des legs; il en était de même de la contestation d'état, à moins qu'elle ne fût survenue après la mort du testateur (1). J'expliquerai ce texte en combinant l'interprétation donnée par Vieling avec celle présentée par Rucker.

III. L'explication donnée par Merillius du § 1 de la loi 16 eod. tit. est préférable à celle de Favre et à celle de Cujas.

IV. Explication des lois 15 de his quæ ut indignis D. et 78 princ. de heredibus instituendis D.

V. Le sénatus-consulte Silanien remonte à l'époque d'Auguste.

VI. La réception d'un legs, même postérieure à la connaissance de la nullité du testament, ne rend pas, malgré l'opinion de Cujas, le légataire non recevable à attaquer ce testament comme nul (2).

VII. La plupart des commentateurs, notamment

(1) L. 9, de his quæ ut ind.

(2) L. 5, § 1, de his quæ ut ind. — L. 13, D. de hered. petit.

Scipio Gentilis (1) ont exagéré le nombre des cas où les biens enlevés aux indignes ne profitaient pas au fisc. Exemple de l'institution faite dans la croyance erronée d'un lien de parenté qui n'existait pas entre l'institué et le testateur (2).

VIII. L'interprétation de Cujas sur la loi 12 de his quæ ut ind. est inexacte, en ce qu'elle ne rattache pas exclusivement l'indignité au motif qu'en donne le texte.

IX. Conciliation des lois 5, § 10 et § 15 de his quæ ut ind. D. et 24 D. de leg. Cornel. de fals.

X. Conciliation des lois 6 C. de his quib. ut ind. et 21, § 2 D. de SC^to Silan.

XI. La distinction proposée par Cujas concilie les solutions en apparence contradictoires des lois 16, § 2, D. de his quæ ut ind., 2, 3, D. de his quæ in testam. delent., d'une part, et les lois 1, § 8, D. si nul. tab. extab., et 4 de his quæ in test. delent, d'autre part.

XII. La qualité de rémunératoire n'enlève pas à la donation son caractère de libéralité ; en conséquence la donation rémunératoire est, comme les autres, soumise à la révocation pour cause d'ingratitude du donataire, sauf un cas exceptionnel (3).

DROIT FRANÇAIS.

I. Le meurtre même excusable rend l'héritier indigne.

(1) Chap. x, du droit d'accroissement.

(2) L. 7, C. de hered. instit. — L. 5, C. de testam. — L. 46, pr. de jure fisci. — L. 4, C. de hered. instit.

(3) L. 31, § 1, de donat., et Paul. sent., lib. v, 11, § 6.

II. L'accusation n'est pas capitale quand elle tend seulement à l'application d'une peine infamante ; mais il faut lui donner ce caractère quand elle est de nature à entraîner une peine perpétuelle, même depuis l'abolition de la mort civile.

III. On pourrait soutenir, à la rigueur, qu'il suffit que le jugement qualifiant l'accusation de calomnieuse intervienne dans la sentence même qui prononce l'exclusion de l'indigne.

IV. Le mineur devenu majeur n'est plus exempté de l'obligation de dénoncer le meurtre.

V. Le pardon accordé par le de cujus au meurtrier n'empêche pas son exclusion.

VI. Tous les fruits doivent être restitués par l'indigne, même ceux qu'il a perçus de bonne foi.

VII. Les enfants du coupable prédécédé peuvent lui succéder par représentation. L'art. 730 s'applique seulement dans l'hypothèse où l'indigne a survécu au de cujus.

VIII. Les donations entre époux sont révocables pour cause d'ingratitude. La révocation résulte même de plein droit de la séparation de corps.

IX. Mais l'époux donateur peut agir directement en révocation, sans être obligé de passer par le circuit d'une action en séparation.

X. L'injure grave à la mémoire du donateur est une cause d'ingratitude, comme celle faite à la mémoire du testateur.

XI. Il n'est pas nécessaire que l'attentat à la vie du donateur rentre dans la définition de la tentative légale.

XII. L'action révocatoire commencée du vivant

du donataire ne peut pas être continuée contre ses héritiers.

XIII. Si un fait d'ingratitude pardonné a été suivi d'un fait nouveau, le juge ne peut pas prendre le premier en considération pour apprécier la gravité du second.

DROIT ADMINISTRATIF.

I. Les juges ordinaires du contentieux administratif sont les ministres, et non les conseils de préfecture, à moins que la compétence administrative ne résulte d'une loi antérieure à la loi organique du 28 pluv. an VIII.

II. Le droit d'usage qu'ont les habitants sur les biens communaux ne constitue pas un droit réel.

DROIT CRIMINEL.

I. L'aveu du complice d'adultère, consigné dans les interrogatoires devant le juge d'instruction, est suffisant pour motiver contre lui l'application de l'art. 338, C. P.

II. L'appel du mari seul ne saisit pas les juges d'appel du droit de prononcer contre la femme les peines de l'adultère.

HISTOIRE DU DROIT.

I. La distinction des biens, au point de vue successoral, en propres et acquêts, a pris naissance dans le droit féodal; une origine plus reculée, l'origine germanique, serait assez plausible, mais les preuves font défaut.

II. La censive a des origines multiples; mais on peut la rattacher surtout à la pratique de la recommandation, qui date des derniers temps de l'empire romain.

DROIT DES GENS.

La caution *judicatum solvi* ne peut pas être requise en France par un défendeur qui est étranger.

Vu par le Président de la thèse,
ROYER-COLLARD.

Vu par le doyen,
PELLAT.

Permis d'imprimer.
Le Recteur de l'Académie de la Seine,
CAYX.

TABLE DES MATIÈRES.

ERRATA.

PAGE 20, dernière ligne, au lieu du mot *ei*, mettre le mot *ejus*.

PAGE 27, 27e ligne, au lieu de *donnée par la leçon*, mettre *donnée par Labéon*.

PAGE 170, 5e ligne, au lieu de *l'itinéraire des conditions*, mettre *l'inexécution des conditions*.

FIN.

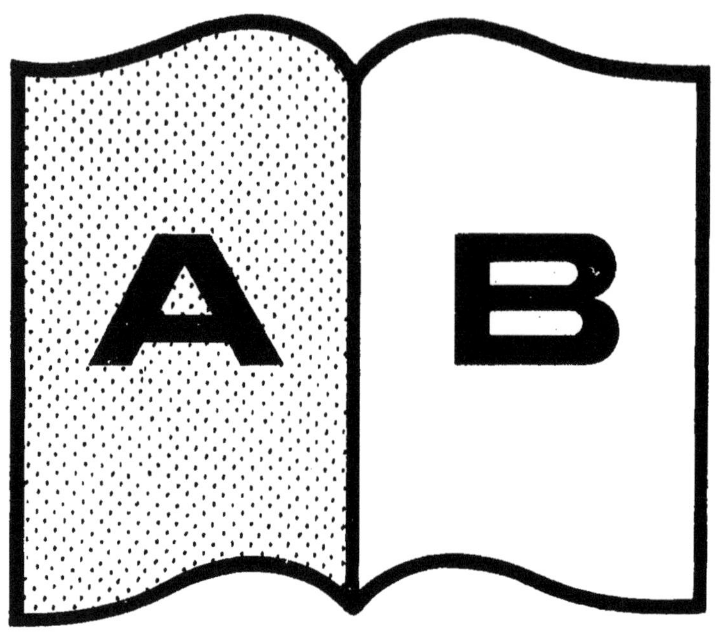
A
B

www.ingramcontent.com/pod-product-compliance
Ingram Content Group UK Ltd.
Pitfield, Milton Keynes, MK11 3LW, UK
UKHW020317230726
13925UKWH00002B/473

9 782013 550635